KB248706

부산화교의 역사

로컬문화총서 04

부산화교의 역사

조세현 지음

산지니

차례

들어가는 말

"바닷물이 닿는 곳에 화교(華僑)가 있다."라는 말이 있다. 전 세계에 흩어져 거주하는 화교에 대한 문화적 경제적 네트워크에 대한 연구가 활발하다. "차이나타운이 없는 유일한 나라"라고까지 불리는 한국에서조차 예외는 아닌 듯하다. 물론 과거 식민지 시대 일본 측의 보고서나 대만정부의 한국화교에 대한 기록물들이 일부 남아 있지만, 국내에서 한국화교에 대한 연구가 본격적으로 시작된 것은 21세기 이후의 일이다. 비록 동남아지역이나 미국, 일본과 같이 다수의 화교들이 장기간 거주하지는 않았지만, 인천이나 서울과 같은 항구도시나 대도시에는 중국 산동성과 지리적 인접성 등으로 말미암아 소규모의 차이나타운이 유지되어왔다.[1] 한국화교사회는 중국에 대한 서구열강

---

1) 최근의 한국화교에 대한 연구는 동아시아 지역 간 교류의 맥락에서 탐구되는 경향이 엿보인다. 국내외 학계의 한국화교에 대한 연구현황은 몇몇 저서와 논문에서 이미 언급한 바 있다. 연구현황 정리로는 王恩美(2008), 『東アジア現代史のなかめ韓國華僑-冷戰體制と'祖國'意識』, 三元社, pp.23-35와 이옥

의 침략이 본격화되면서 '중국' 및 '중국인'이라는 강렬한 자의식이 형성되던 19세기 말부터 형성되기 시작하였다. 개항기 청상(淸商)들은 청국의 적극적인 보호 아래 육성되었고, 그들을 위해 개항장(인천, 부산, 원산)에 청국조계지를 설치해주었다. 이렇듯 초창기 한국화교는 다른 나라의 화교와 달리 본국의 지원 아래 손쉽게 정착한 특징이 있다.

국내 화교사회에 대한 연구는 인천화교 연구가 비교적 풍부한 편이다. 최근 인천은 지자체와 대학을 중심으로 인천 차이나타운 활성화 차원에서 다양한 화교연구가 진행 중이지만 기초연구 단계를 겨우 벗어났다고 평가한다. 인천을 제외한 다른 도시의 화교연구는 아직까지 걸음마 단계에 있다. 서울, 마산, 대구, 전주, 군산 등의 화교사회에 대한 단편적인 논문들과 한두 종류의 자료집이 겨우 나와 있을 뿐이다. 부산 역시 예외는 아니다. 개항 이후 부산은 일본의 영향력이 절대적이어서 주로 한일관계사의 맥락에서 연구가 이루어졌으며, 한국화교의 역사 가운데 부산지역 연구는 향토사 수준에서 일부 이루어진 것 말고는 별로 없다.

련(2008), 『인천 화교 사회의 형성과 전개』, 인천문화재단, pp.29-35 등을 참고할 수 있다. 한국화교의 역사를 깔끔하게 정리한 책으로는 양필승·이정희(2004), 『차이나타운 없는 나라』(삼성경제연구소)가 유용하다.

이 책은 '부산화교의 역사'라는 제목에서 나타나듯 한국화교 전체를 대상으로 하지 않고, 부산화교의 역사를 복원하려는 목적으로 준비되었다. 이 지역 화교연구 가운데 역사적으로 접근한 글은 많지 않다.[2] 그나마 『내 안의 타자(他者): 부산 차이니스 디아스포라』(2009년)가 본격적인 보고서라고 할 수 있는데, 제3장을 부산화교의 역사에 할애하고 있어 대강을 살피기에는 유용하다. 이 보고서는 부산화교의 역사, 현황, 미래 등을 개괄

---

2) 현재 부산화교와 산동성 영성(榮城)지역 방언을 비교한 연구, 부산화교의 현지화에 대한 연구, 부산 '상하이 거리'에 대한 사회생태학적 연구 등이 나왔다. 대부분 논문들은 주로 오늘날 부산화교의 언어, 사회문화, 아이덴티티, 상해거리(차이나타운), 화교 네트워크 등에 주목하고 있다. 예를 들어, 尹佑晋(2007), 『韓國釜山華僑的榮城方言與中國榮城本土方言的語言比較研究』, 山東大學博士學位論文; 이종우(2007), 『한국 화교의 현지화에 관한 연구-부산 거주 화교를 중심으로』, 동아대학교 동북아국제대학원 박사학위논문; 장세훈(2009), 「'부산 속의 아시아', 부산 초량동 중화가의 사회생태학적 연구」, 『경제와 사회』 2009년 봄호; 李丹·尹寧(2010), 「釜山'老華僑'的民族與國家認同研究」, 『동아연구』 제58집; 박규택·하용삼·변광석(2010), 「이질적 인식과 실천의 장으로서의 로컬, 부산 차이나타운」, 『한국사진지리학회지』 제20권 제3호; 김형빈·이진석(2010), 「부산지역 화교의 사회연결망 특성변화와 사회자본의 형성」, 『지방정부연구』 제14권 제4호; 김나영(2011), 「부산 차이나타운의 가로에서 나타나는 다문화성과 국가주의 간의 길항」, 『역사와 경계』 제78호; 구지영(2011), 「동아시아 해항도시의 이문화 공간 형성과 변용」, 『石堂論叢』 제50호; 한동수·박철만(2011), 「부산 淸國租界地의 필지구조와 특성에 관한 연구」, 『중국학보』 제64집 등이 있다. 하지만 기본적으로 역사학적으로 접근한 글들은 아니다.

들어가는 말

적으로 정리하고, 부록으로 부산화교 10명의 인터뷰를 담고 있다.[3] 그리고 최근 화교연구열의 영향 아래 부산화교와 관련해서 몇 편의 연구 성과가 나와 대강의 밑그림을 그릴 수 있게 되었다. 그중 안미정 우덕호 등의 글은 부산화교의 역사에 대해 언급하고 있다.[4] 이 책의 전체 분량은 그리 많지 않지만 청국 조계지에서 상해거리까지 대강의 줄거리를 소개하면 아래와 같다.

제1장에서는 '개항기 부산의 청국(淸國)조계지와 청상(淸商) 들'이라는 주제로 부산화교의 초창기 역사를 조명하였다. 부산이 본격적으로 발전하기 시작한 시기는 1880년대에 들어와서이다. 이 시기는 부산 말고도 인천과 원산이 개항되어 부산은 외국무역에서의 독점적 지위를 상실하였다. 게다가 청국의 등장으로 일본과 더불어 교역상대국이 양분화되었다. 부산에 화교가 이주한 것도 임오군란 후 조선과 청국 간에 『조청상민수

---

3) 김태만(2009), 『내 안의 타자(他者): 부산 차이니스 디아스포라』, 부산발전연구원 부산학연구센터. 특히 이 자료집에 실린 부산화교의 인터뷰는 글을 쓰는 데 도움이 되었다.

4) 황보영희(2009), 「부산 청국조계지에 관한 연구」, 『항도부산』 제25호, 부산광역시사편찬위원회; 조세현(2010), 「개항기 부산의 청국조계지와 청상(淸商)들」, 『동북아문화연구』 제25집; 안미정(2011), 「부산 화교의 가족 분산과 국적의 함의」, 『역사와 경계』 제78호; 안미정(2011), 「부산 화교의 이주를 통해 본 '전쟁'과 가족」, 『石堂論叢』 제50호.

류무역장정』이 체결되면서부터이다. 1880년대 초반부터 일본의 개항도시에서 거주하고 있던 일부 화교들이 일본인들을 따라 부산에 건너와 정착한 것으로 보인다. 하지만 부산은 이미 일본상인에 의해 상권이 장악된 상태라 인천에 비해 청상의 숫자는 많지 않았고 주로 독신형 출가였다.

부산화교의 역사에서 1883년 말에 발생한 '덕흥호사건'은 여러 가지 상징적 의미를 지닌다. 우선 부산화교의 기원이 일본에 거주하던 화교와 관련이 깊다는 사실을 보여준다. 보통 인천과 같은 개항지의 청상들이 중국에 본점을 두고 조선에 지점을 두는 방식과는 다른 사례이다. 다음으로 조선의 초기 화교의 주류가 산동계가 아닌 광동계(남방계)였다는 주장이나, 화교의 동아시아 무역에서 이른바 '상해네트워크'가 중요한 역할을 했다는 주장은 부산화교사회에서 나타나는 복건상인의 존재 등을 통해 확인할 수 있다. 덕흥호사건은 부산에서 청국조계지가 설립되는 데 직접적인 작용을 했으며, 사건의 해결과정에서 왜관과 대비되는 이른바 청관의 형성과정을 어느 정도 알 수 있다.

개항기 청상의 부산 진출은 나름대로의 역사적 특색과 의미를 가진다. 부산의 청상은 우선 유통통로로서 중요한 역할을 하였다. 일본상인이나 일본화교의 조선 진출이나 조선 주변 해역을 둘러싼 무역통로로서도 마찬가지였다. 청일전쟁 이전 청국은 해관의 통제나 항로의 개설 등을 통해 일본상인의 진출을

들어가는 말

억제했는데, 부산에서도 그런 상황이 잘 나타난다. 그럼에도 불구하고 청일전쟁 이후 부산을 비롯한 개항장의 청상들은 국가의 지원 없이도 꾸준히 국제무역에 종사하였다. 하지만 1910년 한일강제병합으로 청국영사관과 청국조계지가 철폐되면서 보호막이 사라지자 그들은 고단한 삶에 직면하였다.

제2장에서는 '식민지도시 부산의 시나마치(支那町)와 화교들'이란 주제로 식민지 시기 부산화교의 역사를 다루었다.[5] 한국의 식민지화에 따른 청국조계지의 폐지에도 불구하고 부산에는 여전히 청국인들이 거주하였다. 당시 일본인들은 청관거리를 지나(支那) 사람들이 많이 사는 곳이라고 하여 '시나마치'라고 불렀다. 일제강점기에는 노동력 부족에 따라 산동성 출신 화공이 다수 진출하여 조선의 다른 지역과 마찬가지로 산동계가 주류를 구성하며 세대교체가 이루어졌다. 부산화교들은 1920

---

5) 조선충독부(朝鮮總督府)의 서무부 조사과에서 만든 『조선에서의 지나인(朝鮮に於ける支那人)』(1924년)과 小田內通敏이 쓴 보고서 『朝鮮に於ける支那人の經濟的勢力』(1925년)은 일제강점기 한국화교에 대한 가장 기본적인 정보를 제공한다. 그 가운데 부산관련 화교정보는 비록 분량은 적지만 유용한 사료이다. 중국대륙에서 출판한 한국화교 관련 사실상 최초의 저작으로는 楊昭全·孫玉梅, 『朝鮮華僑史』(中國華僑出版公司, 1991년)가 있다. 이 책은 식민지 시기 한국화교의 역사에 주목하고 있고 특히 북한화교의 역사 현황을 담고 있다(송승석(2010), 「"한국화교" 연구의 현황과 미래」, 『중국현대문학』 제55호, pp.178-179).

년대까지도 어느 정도 동아시아 무역의 유통통로로서 일정한 기능을 수행한 것으로 보이지만, 지리적 특성상 부산은 일본과의 관계가 다른 어느 도시보다 긴밀했기에 상대적으로 화교들이 활발한 활동을 펼칠 수 없었다. 그래서인지 식민지 시대 화교사회는 북한지역이나 인천, 서울 등지에서 꾸준히 팽창한 것과 달리 부산에서는 상대적으로 크게 성장하지 못했다.

중국어에 '삼파도(三把刀)'라는 세 자루의 칼을 의미하는 유명한 속어가 있다. 세 자루의 칼이란 식칼(菜刀), 가위(剪刀), 면도칼(剃刀)을 가리키는 것으로 각기 요리, 포목, 이발에 필요한 기구를 의미한다. 널리 알려진 대로 화교들의 다수가 이 세 가지 기술을 갖고 있어 외국생활에서 유용하게 쓸 수 있었다고 하는데, 한국화교 역시 음식점, 포목점, 이발점 분야에 종사하는 수가 많았다. 시간이 갈수록 음식점이 포목점과 이발소를 능가해 전국 어디서나 중국 음식점을 볼 수 있었다.[6] 여기서는 일제강점기 부산지역 중국인들의 생활상을 화상(華商)을 상징하는 포목점과 음식점, 화공(華工), 화농(華農)의 순으로 소개할 것이다.

그런데 1930년대부터 민족주의의 대두와 정치적 압박이 강화

---

6)　秦裕光(1983), 『旅韓六十年見聞錄-韓國華僑史話』, 中華民國韓國研究學會, p.57: 이 책은 한국화교의 역사를 이해할 수 있는 실감나는 기록으로 최근 진유광 저·이용재 역, 『중국인 디아스포라-한국화교 이야기』(한국학술정보, 2012년)란 제목으로 번역 출판되었다.

되면서 다른 지역처럼 부산화교의 숫자도 감소했는데, 특히 만보산사건과 중일전쟁은 화교가 대량 본국으로 귀국하던 시기였다. 이 시기 화교는 일본의 적성국 국민이 되어 조선과 중국 간의 왕래가 엄격히 통제되었다. 화교들은 반복되는 정치적 외압으로 정착에 어려움을 겪었지만, 이런 외압은 오히려 지역공동체 내부의 단합과 결속을 단단히 하는 계기가 되었다. 부산화교의 경우도 예외는 아니었다. 중국사회가 남경국민정부, 북경임시정부, 왕정위정부 등과 같이 권력교체가 반복되면서 화교들은 장개석정부와 왕정부정부 등을 오고 가며 반일과 친일의 줄타기 속에서 생존의 위기를 넘나들었다. 나중에는 소수의 화교만이 초량동과 중앙동 일대를 중심으로 폐쇄적인 사회를 유지하며 간절하게 해방을 기다렸다.

　제3장에서는 '해방 후 부산의 청관(淸館)거리와 화교들'이란 주제로 해방 후부터 1960~1970년대까지 시기를 한정해 청관거리 화교들의 역사를 재구성하였다. 1945년 8월 15일, 일제패망은 한국인뿐 아니라 화교에게도 기쁨과 희망을 안겨주었다. 해방 후 한국화교는 국제환경의 변화, 즉 남북분단과 국공내전을 시작으로 커다란 변화를 맞이하였다. 중국대륙의 내전을 피해 온 중국인들로 인해 부산의 화교인구도 다른 도시처럼 제법 증가했으며, 청관거리는 새롭게 단장되었다. 1949년 10월 대륙에서 사회주의 정부가 수립하자 화교들은 대개 1년에 한 차례 오

가던 고향방문을 못 하게 되었다. 특히 한국전쟁에 따른 냉전시대의 시작은 고향인 대륙을 버리고 대만을 조국으로 선택해야 하는 귀로에 섰다. 한국전쟁은 화교에게 새로운 국가 아이덴티티를 형성하는 데 중요한 역할을 하였다.

부산화교의 역사에서 가장 큰 영향을 미친 사건은 아마도 한국전쟁일 것이다. 부산으로 몰려드는 피난민으로 인해 화교인구수는 폭발적으로 증가하였다. 피난민이 대부분 초량 청관거리로 몰려오자 한국정부는 부산화교자치구를 일종의 자치정부로 인정하였다. 곧이어 청관거리의 수용능력도 한계에 다다르자 영주동에 충효촌, 황령산 일대에 인애촌, 서면 주변에 신의촌 등 세 곳의 전시 화교촌이 건설되었다. 전쟁 직후 몇 년은 부산화교의 수가 전국에서 가장 많았으며, 전쟁이 끝난 후 근거지로 돌아가지 않고 부산에 머무른 화교도 적지 않았다. 국공내전과 특히 한국전쟁을 계기로 부산에 정착한 화교들이 일제강점기부터 거주하던 소수의 원주민을 대체하였다. 특히 거제도 포로수용소에 있던 이른바 중공군 반공포로가 부산화교의 일부를 구성한 사실도 이채롭다.

전쟁 후 폐쇄적인 공간이던 청관거리는 1953년 중앙동에 있던 부산역이 대화재로 소실되자 그곳에 있던 텍사스촌이 옮겨오면서 큰 변화를 겪었다. 얼마 후 주한미군의 감축으로 미군의 출입이 줄어들었지만 곧이어 부산항으로 들어오던 외국선원과 미군함의 병사들이 꾸준히 찾아왔다. 도심 슬럼가의 모습도 없지 않았지만, 외화가 흘러나오는 환락가였던 탓에 호황을 누렸다. 그런데 1960년대부터 한국정부는 화교의 경제활동에 대한 강력한 규제를 실시하였다. '외국인출입국관리법', '외국인토지소유제한법', '쌀밥판매금지령' 등이 대표적인데, 특히 화교들에게 1가구당 1주택과 1점포만을 허용하고 그 규모를 제한한 조치는 치명적이었다. 부산화교 역시 다른 지역의 화교와 마찬가지로 엄격한 법의 통제를 받자 1970년대부터는 해외로 이주하는 사람들이 늘어났다. 한국정부의 화교에 대한 차별정책으로 말미암아 한국인과 화교 사이에 만들어진 경계의 벽은 오랫동안 사라지지 않았다.

제4장에서는 '한중수교 후 부산의 상해(上海)거리 형성과 화교들'이란 주제로 한중수교 후 상해거리(혹은 초량차이나타운)의 형성과정과 화교들의 변화를 간단히 정리하였다. 기존 연구는 대부분 이 시기에 집중되어 있어 굳이 번잡하게 다시 서술하지는 않았다. 1990년대 초반 한국이 러시아와 국교를 맺자 러시아선원과 보따리상들이 대거 부산항으로 유입되었다. 저렴한 임대료를 찾던 그들에게 텍사스촌은 최적의 장소였다. 1990년 9월 인천-위해 간 여객선이 취항하면서 대한민국과 중화인민공화국 사이에 교류가 본격화되었으며, 1992년 2월에 한중 무역협정이 체결되었다. 결국 1992년 8월 역사적인 한중 국교수

립과 동시에 한국과 중화민국(대만)의 국교가 단절되었다. 한중 수교를 통해 부산화교들은 정체성의 혼란을 겪었지만, 동시에 제2의 부흥기를 맞이하였다.

부산시는 1993년 8월 중국 상해시와 자매결연을 맺었으며, 1999년 8월에 청관거리를 '상해거리'로 명명하였다. 이 거리의 활성화를 통해 중국인 관광객을 유치할 목적 등으로 2004년부터는 매년 5월 무렵 '차이나타운특구 축제'를 개최하고 있다. 이런 변화는 개항 이래 꾸준히 이어지는 부산 청관거리의 오랜 역사에 또 다른 이정표를 세우는 것이었다. 현재 부산의 차이나타운은 본래 화교들의 거주지에서 출발했으나 일본인, 미국인, 러시아인은 물론 최근 동남아인까지 거류하면서 다국적 공간이자 관광명소로 변화하고 있다.[7]

덧붙이자면, 필자는 본래 중국근현대사 전공자로 화교문제 연구자는 아니다. 단지 어린 시절 부산에서 성장했고 현재 부산의 한 대학에서 재직하는 인연으로 중국대륙과 부산의 관련성을 대해 생각한 적이 있었다. 그 과정에서 문득 주변인에 불과했던 화교에 대한 궁금증을 가지게 되었다. 그 후 부산시와 부

---

7) 한 연구자는 초량의 중화가는 단순히 화교의 집단거주지가 아니라 소수인 종들이 몰리는 '부산 속의 아시아'로 자리 잡을 가능성이 높다고 생각한다 (장세훈(2009), 「'부산 속의 아시아', 부산 초량동 중화가의 사회생태학적 연구」, 『경제와 사회』 2009년 봄호, p.326, p.310).

들어가는 말

경대학교의 연구비 지원으로 부산화교 관련 논문을 쓰다가 기왕이면 얇은 책으로나마 묶어놓는 것도 앞으로의 연구자를 위해 괜찮겠다는 생각을 가지게 되었다. 무엇보다 우리 사회의 소수자로 취급되어 오랜 세월 불공정한 대우를 받아온 화교들에 대한 배려가 필요하다는 생각이 출판을 결정한 동기였다.

비록 필자가 책임져야 할 가볍고 거친 글이지만 여러분의 도움을 받았다. 우선 부산시청 문화관광과, 동구청 차이나타운 축제 담당자, 부산화교협회, 부산화교중고등학교 등 여러 기관 단체의 친절한 협조와 관심에 감사드린다. 특히 (전)부산화교협회 회장이신 총용자 선생님과 동원과학기술대학교에 재직 중이신 우덕호 선생님의 도움은 매우 컸다. 우덕호 선생님의 경우 글에 대한 좋은 의견은 물론 귀중한 사진들을 제공해주셨는데, 이 기회를 빌려 감사의 마음을 전한다. 부산화교 관련 역사자료의 절대 부족으로 인해 기존 연구에 다소 의존하다보니 내용의 오류와 체제의 불균형은 피할 수 없는 부담스런 문제였다. 앞으로 새로운 연구자에 의해 하나하나 고쳐지길 희망하며 무엇보다 화교 관련 역사사진의 수집과 구술자료의 정리는 시급한 과제라고 생각한다. 끝으로 부산 문화 발전 차원에서 부족한 글을 마다 않고 두말없이 출판을 결정한 산지니출판사의 강수걸 사장님과 투박한 글을 곱게 다듬어 편집해주신 손수경 선생님께도 고마움을 전한다.

개항기 부산의
청국淸國 조계지와 청상淸商들

1. 부산지역 청국조계지의 설치

(1) 『조청상민수륙무역장정』의 체결과 청상의 진출

우선 개항기 부산이 중국 혹은 중국인들과 인연을 맺게 되는 역사적 배경부터 살펴보자. 1876년 강화도조약이 체결된 후 부산이 가장 먼저 개항하면서 부산초량왜관(釜山草梁倭館)이 부산일본전관거류지(釜山日本專管居留地)로 변경되었다. '전관거류지'란 일반적인 외국인거류지와 달리 특정 국가의 국민만이 거주하며 생활하는 곳으로, 원칙적으로 타 국민들은 거류할 수 없었다. 이것은 조선에서 조계(租界)의 시작을 알린 것이다. 조계를 배경으로 일본상인들에 의해 부산의 무역과 상권이 장악되었다.[1] 특히 조선 최초의 개항장으로 지정된 초량은 기선활동

---

1) 1876년경 부산의 일본인 인구는 약 82명이었다. 1879년에는 2,066명, 1880년에는 1,925명, 1881년에는 1,519명, 1882년에는 1,780명이었다. 개항 후

제1장 개항기 부산의 청국조계지와 청상들

의 거점으로 해로를 통한 원격지간 유통망을 장악하면서 국제무역항으로 성장하였다. 일본은 조선정부로부터 항해권을 얻자 1876년 11월부터 나가사키에서 쓰시마를 거쳐 부산항으로 오는 우편선로를 개설하고 매달 정기기선을 운항하였다.[2] 개항 이전에 조선에는 화교가 거의 없었다. 부산이 개항한 후에도 청국(淸國)으로부터 화교(당시에는 淸商 혹은 華商으로 불림)[3]가 곧바로 유입된 것은 아니며, 그들이 이주한 해는 보통 8년 후인 1884년으로 잡는다. 하지만 뒤에 언급할 '덕흥호사건'에서 나타나듯 그 이전부터 이주해 활동했을 가능성이 높은데, 대략 1880년대 초로 어림잡는 것이 적당할 것이다.[4]

10여 년이 지나도록 부산거주 일본인의 절반 정도가 쓰시마 사람이었다(오미일(2008), 「개항(장)과 이주상인」, 『한국근현대사연구』 47집, pp.44-45).

2) 나애자(1988), 「개항후 청일의 해운업침투와 조선의 대응」, 『이화사학연구』 제17-18합집, p.409.

3) '화교'라는 명칭이 처음 쓰인 것은 보통 1898년 일본의 요코하마 華商들이 학교를 설립하고 학교명을 '화교학교'라고 불렀던 것에서 기원했다고 전한다. 그 전에 청국과 조선을 왕래한 사람들에 대한 명칭은 통일되지 않았는데, 보통 이들을 淸國人, 淸商, 華人, 華商 등으로 불렀다고 한다(秦裕光(1983), 『旅韓六十年見聞錄-韓國華僑史話』, 中華民國韓國硏究學會, p.2). 그런데 연구에 따르면 화교라는 용어는 1883년 鄭觀應이 李鴻章에게 보낸 무역 관련 문서와, 다음 해 정관응이 張之洞에게 올린 시찰보고문에서 처음 나타난다고 한다(安井三吉(2005), 『帝國日本と華僑-日本, 臺灣, 朝鮮』, 靑木書店, pp.15-19).

4) 조선에 최초로 온 화교가 누구인가 라는 문제는 궁금하지만 분명하지 않

부산화교의 역사

1882년 7월 조선에서 임오군란이 발발하자 청국의 오장경(吳長慶) 제독은 반란을 진압하기 위해 산동성 연대(등주)에서 군함 3척과 윤선초상국 상선 2척에 3,000명의 병력을 이끌고 경기도 남양주만(마산포)에 도착하였다. 이때 청군을 파견하면서 청국상인 40명도 포함시켰다. 이들의 주요 임무는 본래 청군을 상대로 한 군역이었는데, 청군의 주둔 기간이 길어지면서 조선인을 대상으로 한 상업활동도 하였다. 보통 이들 상인을 한국화상의 효시라고 말한다. 그런 까닭에 한국화교에게 오장경은 단순한 장군을 넘어 제사의 대상이자 숭배의 대상이다. 하지만 이들은 2년 후 청일 간에 천진조약(天津條約)이 맺어지자 청군과 함께 모두 청국으로 돌아갔다.[5] 여기서 기억할 만한 사실은 이들 대부분은 조선과 가까운 산동 출신이 아니라 전문적으로 무역에 종사하던 남방 출신 상인이라는 점이다. 그런데 책봉조공체제의 전통적 관례를 무시하고 조선의 내정에 직접적으로 무력간섭한 청군의 파견은 한중관계사에서 있어서 충격적인 사건

다. 인천이 개항하고 난 후 처음으로 광동에서 온 청국상인은 1874년 한성에 동순태 무역상점을 개설한 譚傑生이라는 오래된 설이 있다(秦裕光(1983), p.2). 최근에는 1872년 조선에 와서 개인 사업을 한 것은 물론 조선 궁내에 기술자로 초빙되어 왕궁과 부속건물들을 수리하는 사업에 참여한 黃月亭이 최초의 화교라는 새로운 주장이 나왔다(孫科志(2008), 「近代中韓關係史上的傳奇人物-黃月亭」, 『當代韓國』2008年夏季號, pp.75-79).

5) 秦裕光(1983), 앞의 책, p.11.

제1장 개항기 부산의 청국조계지와 청상들

이었다. 당시 조선에 출병한 청국은 은혜를 베푼다는 형식을 띠었지만 책봉조공체제하의 형식적 종주국과 속국관계를 넘어서 유사제국주의에 가까운 행태를 보였다. 이런 역사적 사건 속에 한국화교의 기원이 숨어 있다는 사실은 의미심장하다.

개항기 청상들이 청국의 적극적인 보호 아래 육성되었다는 사실은 1882년 10월 4일에 체결된 『조청상민수륙무역장정(朝淸商民水陸貿易章程)』을 통해 알 수 있다. 『조청상민수륙무역장정』이 체결되자 조청 간의 무역뿐만 아니라 다방면에서 근본적인 변화가 찾아왔다. 널리 알려졌듯이 전문 8조로 이루어진 이 무역장정은 제1관[6]에 조선을 청국의 속국으로 규정하고, 이를 근거로 청국조계지의 설정, 한성의 상업 개방, 청상을 도와줄 청국 상무위원의 파견과 이들에 대한 치외법권의 부여 등을 담고 있는 불평등조약이었다. 청국이 서양 열강과 맺은 불평등조약을 가까운 우방이었던 조선에게 고스란히 강요한 사실은 근대 한중관계사에서 무척 불행한 사건이었다. 어쨌든 이 무역장정

---

6) 『조청상민수륙무역장정』 제1관 "이후부터 북양대신의 신임장을 가지고 파견된 상무위원은 개항한 조선의 항구에 주재하면서 전적으로 중국 상인들을 돌본다. 이 상무위원이 조선 관리들과 내왕할 때에는 다 같이 평등하게 예의로 대우한다. 만약 중대한 사건에 맞아 조선 관리들과 마음대로 결정하기 불편할 때에는 북양대신에게 자세히 보고하고 북양대신이 조선 국왕에게 공문을 보내어 알려주면 조선 국왕이 공문을 내려 처리하게 한다."(최덕수 외 (2010), 『조약으로 본 한국 근대사』, 열린책들, p.112).

의 체결로 인해 청상들이 본격적으로 조선에 진출하기 시작했다. 그 선봉에 선 인물이 진수당(陳樹棠)이었다.

진수당은 이홍장의 추천으로 총판조선상무위원(總辦朝鮮商務委員)이 되어 조선에 건너온 후 1883년 9월 16일부터 1885년 9월 23일까지 2년간 재임하며 적지 않은 흔적을 남겼다. 그는 청국의 군사적 압력 아래 1883년 9월과 11월에 각각 한성과 인천에 상무위원공서(총영사관)와 상무위원분서(영사관)를 설립하였다. 청국의 총영사관이 청상에게 베푼 대표적인 지원으로는 개항장(인천, 부산, 원산)에 청국조계지를 설치해준 일을 들 수 있을 것이다. 전통적인 조공무역에서 육로가 중요했다면, 근대적인 무역에서는 해로가 중요하였다. 따라서 개항장에 조계지를 설치하는 것은 국제무역에서 결정적으로 유리하였다. 그래서 서해에는 인천이, 남해에는 부산이, 동해에는 원산이 개항장으로 선택되었을 것이다.

대략 1883년 무렵 군역상인과 청국공관원을 제외한 청상은 한성 80여 명, 인천 50여 명, 부산 20여 명, 원산 10여 명 등으로 모두 170여 명에 이르렀다. 1884년 12월에는 갑신정변의 발발에도 불구하고 청상은 오히려 3배 가까이 증가하였다.[7] 아래의

---

7) 譚永盛(1976), 『조선말기의 청국상인에 관한 연구-1882년부터 1885년까지』, 단국대학교 대학원 석사학위논문, pp.37-38; 양필승 · 이정희(2004), 앞

제1장 개항기 부산의 청국조계지와 청상들

〈표1〉은 개항기 조선에 거주하던 화교의 인구수 변화의 추이이다. 이런 통계 숫자는 자료집이나 연구서마다 약간의 차이가 나는데, 여기서는 일부 오차는 무시할 것이다.

〈표1〉 조선거주 화교의 인원수 변화(1883~1910)[8]

연도	인구			여성비율 (%)
	총인원	남	여	
1883	162			
1884	666			
1885	264			
1886	468			
1891	1,489			
1892	1,805			
1893	2,182			
1906	3,661	3,534	127	3.5
1907	7,902	7,739	163	2.1
1908	9,978	9,600	378	3.8
1909	9,568	9,163	405	4.2
1910	11,818	10,729	1,089	9.2

의 책, pp.18-19.

8) 楊昭全·孫玉梅(1991), 『朝鮮華僑史』, 中國華僑出版公司, p.125; 楊韻平(2007), 『汪政權與朝鮮華僑(1940~1945)-東亞秩序之一研究』, 稻鄉出版社, p.21.

위의 통계에서 나타나는 뚜렷한 특징이라면 남성과 여성의 비율에 큰 차이에 있다. 화교의 남성비율이 여성에 비해 매우 높은 것은 남성중심의 독신형 출가가 많았다는 사실을 보여준다. 1906년 이전에는 통계가 잡히지 않으나 1906년의 경우 화교의 여성인구가 127명인 데 반해 남성은 약 28배인 3,534명에 다다른다.[9] 시간이 흐름에 따라 조금씩 여성비율이 증가하는 추세를 보이지만, 그래도 남성비율이 압도적으로 높다. 이렇듯 화교의 대부분을 남성이 차지하는 경향은 부산 역시 예외는 아니었으며 1920년대까지 계속되었다.

무역장정 체결 직후 조선에 들어온 청상 가운데 적지 않은 사람은 중국이나 일본 개항장에서 국제무역에 종사하던 무역상들이었다. 조선 내의 청상 점포들은 초기에는 대개 중국이나 일본에 있는 본점의 지점망이었다. 오늘날 한국에 거주하는 화교는 90% 이상이 산동성 출신이지만 개항기에는 그렇지 않았다. 산동계는 한성에서 다수를 점하였지만 개항장에서는 절강계와 광동계가 우위를 차지해 한중일 간의 국제무역을 전개하였다.[10] 최근의 연구에 따르면, 산동출신이 조선과의 지리적 이점으로 절대 우위를 점했을 것이라는 생각은 잘못이며, 산동

---

9) 王恩美(2008), 앞의 책, p.66.
10) 譚永盛(1976), 앞의 논문, p.20.

제1장 개항기 부산의 청국조계지와 청상들

계는 남방상인이나 일본화교에 비해 영세성을 면하지 못했다
고 한다.[11] 이 문제는 뒤에서 부산의 사례를 통해 다시 살펴볼
것이다.

전통적 책봉조공체제의 해체라는 상징적인 시점에 청상이 조
선에 진출하여 청국정부의 적극적인 지원을 받았다는 사실은
과거 동남아 지역이나 일본 등지에 화교가 이주하던 사례와는
무척 달랐다. 초창기 한국화교는 청국의 지원으로 세력을 확대
한 반면, 동남아와 일본화교는 오래전부터 모국의 지원을 거의
받지 않은 상태에서 자생적으로 발전하였다. 청국이 국가 차원
에서 청상을 지원한 것은 중국 화교사에서 특기할 만한 사례라
고 한다.[12]

(2) 덕흥호사건

인천을 비롯한 청국조계지의 설치경위를 알기 위해서는 1883
년 10월 진수당의 부임 직후 부산에서 발생한 이른바 '덕흥호

---

11) 부산의 청상 덕흥호와 서울의 청상 公盛和號의 예를 보면, 전자는 광동계로
    자본금이 무려 25,700원이었지만, 후자는 산동계로 자본금이 불과 60량뿐이
    었다(譚永盛(1976), 앞의 논문, p.53).
12) 양필승 · 이정희(2004), 앞의 책, pp.19-20.

(德興號)사건'이 중요한 계기로 작용했다는 사실은 흥미롭다. 게다가 덕흥호는 부산화교의 역사의 시작으로 알려져 있어 더욱 그렇다.[13] 진유광(秦裕光)의 회고록을 비롯해 이런 저런 기록들을 모아보면 사건의 개요는 다음과 같다.

1883년(고종 20년 10월) 11월 일본 고베에서 공흥호(公興號)라는 무역상점을 하던 광동 출신 화상 황요동(黃曜東)이 직원이던 정익지(鄭翼之), 정위생(鄭渭生) 두 형제를 부산에 보내어 일본전관거류지 안에 상점을 내려고 하였다. 그들은 고베에서 일본선박을 이용해 화물을 싣고 부산항에 들어왔으며, 해관에 근무하던 한 영국인을 통해 일본인 다나카 헤이타로(田中平太郎)의 집을 빌려 덕흥호라는 지점을 내려고 준비하던 중 일본상인들과 충돌이 일어났다. 이런 문제가 발생한 원인은 덕흥호가 상점을 내려고 한 곳(현재 부산의 중앙동)이 일본의 조계지 내였기 때문이다. 일본영사는 정씨 형제를 심문하면서 부산항은 일본의 기지로, 중국인은 여기서 무역을 할 수 없다며 내쫓으려 했으나 불복하였다. 일본상인들이 덕흥호의 개업을 방해하면서 사태가 더욱 심각해졌다. 이에 덕흥호 측에서는 조선상무위원이었던 진수당에게 사건해결을 요청하면서 청국과 일본 간의 외교적 문제로 비화되었다.

---

13) 秦裕光(1983), 앞의 책, p.12.

제1장 개항기 부산의 청국조계지와 청상들

최근 한 연구에 따르면, 이 사건의 근본적인 원인은 일본조계의 성격에 대한 청일 간의 견해 차이에 있었다고 한다. 청국 측은 부산항의 일본조계지를 1882년 10월에 체결된『조청상민수륙무역장정』의 제4관[14] 규정에 따라 청국인의 무역 및 거주 등이 허가된 기존 개항장의 하나로 간주하고자 했다. 이와 달리 일본 측은 1876년 2월에 체결된『조일수호조규』의 제4관[15] 규정 및 이듬해 1월에 체결된『부산구조계조약』등에 따라 기왕의 왜관을 근대적 조계지로 개혁하여 독점적으로 사용한다고 판단했다.[16] 진수당은 통리아문 독판 민영목(閔泳穆)에게 보낸 11월 22일자 조회를 통해 조선정부가 일본 관리에게 사건의 연유를 물어 답변할 것을 요구했다. 그러나 일본변리공사 다케조

---

14) 『조청상민수륙무역장정』제4관 "두 나라의 상인들이 쌍방에서 이미 개항한 항구에 가서 무역을 할 때에 만일 법을 제대로 준수한다면 땅을 세내고 방을 세내며 집을 지을 수 있게 승인하며, 모든 토산물과 규정에 금지되지 않은 물건은 다 팔고 살 수 있도록 승인한다."(최덕수 외(2010), 앞의 책, p.114).

15) 『조일수호조규』제4관 "조선국 부산 초량항은 일본 공관이 세워져 오랫동안 이미 양국 인민이 통상하는 구역이 되었다. 지금 마땅히 종전의 관례 및 세견선 등의 일을 없애고 새로 세운 조관에 의거해 무역 사무를 처리한다. 또 조선국 정부는 모름지기 별도로 제5관에서 기재한 두 곳의 항구를 개방해 일본국 인민이 왕래하면서 통상하게 하며, 해당 지역에 나아가 땅을 빌리거나 집을 짓고 혹은 사람들이 있는 집에 임시로 살고자 한다면 각각 그 편의를 따라 들어주도록 한다."(최덕수 외(2010), 앞의 책, pp.34-35).

16) 박준형(2010),「청일전쟁 이후 인천 청국조계의 법적 지위와 조계 내 조선인 거주문제」,『한국학연구』제22집, pp.294-295.

에 신이치로(竹添進一郎)는 부산항의 경우 조선정부가 이미 206
년 전에 일본인의 거류지로 빌려준 것이므로 일본영사가 청국
인의 개점을 불허한 것은 정당한 행위라며 청국 측 주장을 일
축하였다. 이에 조선정부는 12월 14일 청국 측에 중재안을 제시
하였다. 청상이 일본조계 내에서 개점하려면 일본과의 협상에
도 시일이 많이 걸리므로 차라리 청국조계를 따로 설정하는 편
이 낫다는 것이다.[17] 진수당은 이 제안에 동의하면서 직접 부산
을 답사한 후 다시 상의하자고 답했고, 조선정부는 통리아문
협판 묄렌도르프(P. G. Von Möllendorff, 穆麟德)를 부산에 파견하
여 함께 일을 처리하도록 했다.

그런데 이 사건은 다소 엉뚱하게 부산이 아닌 인천의 청국조
계지 설치를 앞당기는 계기가 되었다. 진수당은 부산으로 떠나
기에 앞서 1883년 12월 17일에 묄렌도르프와 함께 인천을 답사
하고 서둘러 조계부지까지 설정하였다. 이처럼 청국이 우선적
으로 인천에 조계부지를 설정한 까닭은 청국에서 가까운 항구
이자 한성의 입구라는 지리적 이점이 중요하게 작용했을 것이
다. 게다가 부산과 원산은 이미 일본세력이 장악한 상태였기 때

---

17) 아세아문제연구소 편(1970), 『舊韓國外交文書』(淸案1) 고종20년 (음)10월
    23일;『舊韓國外交文書』(日案1) 고종20년 (음)10월 25일;『舊韓國外交文書』
    (淸案1) 고종20년 (음)11월 15일(박준형(2010), p.295 참고).

제1장 개항기 부산의 청국조계지와 청상들

문에 하루라도 빨리 인천에 청국의 거점을 만들려고 했을 것이다. 다음 해 4월에는 『인천구화상지계장정(仁川口華商地界章程)』을 맺어 인천에 청국조계지를 설치하기로 최종 합의하였다. 이 장정은 "제1조 청국거류지의 위치는 해관 서북쪽이다. 이 지역에 거주하는 화상이 나날이 증가할 때에는 공공조계 내에서 거주와 무역을 할 수 있다."로 시작하는 전문 11조로 이루어져 있는데,[18] 조선 측에서는 민영목이, 청국 측에서는 진수당이 대표로 조인하였다. 그 내용은 대체로 일본과의 전관거류지 조약내용과 비슷하였다. 청국은 일본 다음으로 조선에 전관거류지를 만들었을 뿐만 아니라, 청상을 위해 중화회관(中華會館)을 세워주었다.

　진수당은 인천의 조계부지를 설정한 후 묄렌도르프를 대동하여 부산에 내려와 덕흥호사건의 내막을 조사하였다. 그 후 진수당과 묄렌도르프는 민영목에게 조선 측의 후속조치를 요구하였다. 청국과 일본의 신경전 속에서 입장이 곤란해진 민영목은 덕흥호를 별도의 지역에서 상점을 열 수 있도록 하겠다는 타협안을 제시하여 사태를 적당히 무마하려 했다. 그런데 덕흥호의 상점 폐쇄에 따른 손해를 청일 양국이 서로 상대방에게 전가시키다가, 결국 원인제공과 처리미숙이라는 이유로 조선 측

---

18)　楊昭全·孫玉梅(1991), 앞의 책, pp.108-109.

이 피해액을 배상하는 것으로 마무리되었다.[19] 그리고 청국 측은 부산에 있던 청국인 14명[20]을 보호하기 위해 동래감리와 협의하여 청국상무공서부산지서(淸國商務公署釜山支署, 즉 청국영사관)를 설치하기로 잠정 결정하였다. 이때 청국조계의 후보지도 확정했으나 곧바로 실행에 옮기지는 못하였다. 청국 측이 불과 14명의 중국인을 보호하기 위해 적지 않은 비용이 드는 영사관을 개설하겠다고 적극적으로 나선 것은 아마도 부산에 조계지를 확보하여 일본과 경쟁하려는 대조선 정책과 밀접한 관련이 있었을 것이다.

이 사건 속에서 주목할 사실은 황요동이란 화상이 청국에서 온 인물이 아니라 일본 고베에서 공흥호라는 무역상점을 운영하던 인물이란 점이다. 공흥호는 고베에서 자본금 1만 량 이상을 가진 기업(1888년 기준)으로 광동계였다.[21] 이것은 부산의 초

---

19) 『淸季駐朝鮮使館檔』陳樹棠: 訴訟「釜山華商德興號控日本官(1)」(1883년 10월~1883년 12월);『淸季駐朝鮮使館檔』陳樹棠: 訴訟「釜山華商德興號控日本官(2)」(1883년 1월~1883년 6월)(박정현(2010),「1882~1894년 조선인과 중국인의 갈등 해결방식을 통해 본 한중관계」,『중국근현대사연구』제45집, p.12 재인용).

20) 청국인 14명의 직업은 덕흥호 관계자 4명, 건어류 도매상 3명, 차공 2명, 부산해관 노동자 3명, 영국영사관 고용인 2명 등이었다(김태만(2009), p.56 재인용).

21) 덕흥호는 일본에서 한 중화회관의 건립에 400엔을 기부했다는 기록이 있다(安井三吉, (2005), p.87).

제1장 개항기 부산의 청국조계지와 청상들

기 화교의 경우 일본으로부터 건너온 화상이 적지 않았을 가능성을 암시한다. 아마도 일본의 나가사키, 요코하마, 고베 등지에 거류하던 화상들이 일본상인들을 따라 일찍부터 부산에 들어오려 한 것으로 보인다. 예를 들어, 1884년 6월부터 10월까지 원산을 왕래한 청상 47명 가운데 26명은 일본 나가사키에서 왔다거나, 같은 해 부산을 왕래한 청상 87명 가운데 27명은 부산을 경유하여 일본으로 돌아간 사실이 이를 반증한다.[22]

<표2> 개항장별 청국인 수[23]

연도	한성	인천	부산	원산	총계
1883	99(마포 포함)	63			162
1884	352	235	15	64	666
1885	108	48	17	91	264
1886	119	205	87	57	468
1891	751	563	138	37	1,489
1892	957	637	148	63	1,805
1893	1,254	711	142	75	2,182

22) 譚永盛(1976), 앞의 논문, p.17.
23) 楊昭全·孫玉梅(1991), p.130. 표를 일부 수정하여 인용(박준형(2010), p.298 주25 참고).

부산화교의 역사

위의 〈표2〉는 개항장별 초기 청국인의 숫자를 나타내는데, 부
산이 인천보다 청상의 수가 적고 원산보다는 청상의 수가 많다
는 사실을 알 수 있다. 특히 1883~1885년 무렵 부산화교의 출
신지를 분류한 어떤 연구에는 산동계가 1인, 광동계가 10인, 절
강계가 2인이라는 인상적인 통계가 남아 있다.[24] 이것은 부산의
경우 청국 본토의 상인보다는 일본화상의 영향이 컸다는 사실
을 다시 한 번 확인시켜준다. 게다가 원세개(袁世凱) 시절 조선
의 청국 거상이 대부분 광동계였다는 역사적 사실과 결부시켜
본다면, 당시 조선을 둘러싼 국제무역은 광동계 상인의 손이 있
었던 것으로 보인다.

(3) 청국조계지의 형성

1884년 5월 지금의 초량동 자리(동구 초량동 571번지 일대)에 청
국영사관을 건립하기로 결정하고, 그해 7월 부산상무위원 진
위혼(陳爲焜)은 동래감리와 상의해 조계부지의 구획을 결정하

---

24) 인천도 산동계 111인, 광동계 123인, 절강계 74인이며, 원산 역시 산동계
    14인, 광동계 27인, 절강계 19인이라는 통계가 있어 두 도시 모두 광동계가
    우위를 이룬다. 산동계는 한성에서만 압도적인 우위를 점하였을 뿐이다(譚
    永盛(1976), 앞의 논문, p.52).

제1장 개항기 부산의 청국조계지와 청상들

고 지계표석(地界標石)을 세워 청국영사의 감독 아래 거류민이 자치하도록 계획하였다. 그런데 청국의 생각과는 달리 조선정부는 부산과 원산의 조계지 설치를 계속 거부하여 진수당 재임 시절에는 뜻을 이루지 못하였다. 결국 진수당의 후임인 원세개의 강요에 의해 1887년에 공식적으로 부산의 청국조계지가 공인되었다. 그 후 원세개는 진수당보다 더욱 적극적으로 청상을 지원하고 나섰다.[25] 이처럼 부산의 청국조계지가 공인된 것은 1887년이지만, 이미 1884년에 조계지를 의미하는 지계표석을 설치하고 영사관을 둔 사실이나, 나아가 조계 예정지 내에 하수도 정비나 경찰 행정을 시도했다는 사실을 염두에 둔다면 청국조계의 실질적인 설정은 1884년부터라고 볼 수 있다.[26]

청국은 조선의 한성과 각 개항장에 상무공서와 상무분서를 설치하고 상무위원을 파견하였다. 1883년에 개설된 한성상무공서는 진수당 외 17명, 인천분서는 이내영(李乃榮) 외 10명, 부산분서는 진위혼 외 9명, 원산분소는 유가총(劉家聰) 외 9명이었다. 상무위원은 외교와 상무 및 조계에 대한 업무를 담당하였다. 부산분서의 임원은 상무위원을 포함해 모두 10명이었으

---

25) 秦裕光(1983), 앞의 책, p.15.

26) 손정목(1982), 『한국 개항기 도시 변화 과정 연구: 개항장·개시장·조계·
    거류지』, 일지사, p.109.

며, 영문번역 인원 말고도 일본어 통역관을 따로 두었다.[27] 진
수당은 부산 분서공관을 만들기 위해 시공은 했으나 임기 중에
완공하지는 못하였다. 청국이 운영하는 공식적인 상무공(분)서
말고 청상들도 1884년에는 북방회관(北方會館), 남방회관(南方
會館), 광동회관(廣東會館), 중화회관(中華會館) 등을 만들어 상호
무역정보 등을 교환하였다.[28] 이런 조직들은 각지의 청상들을
연결하는 기능을 하였다.

부산상무서는 1885년 11월 부산상무위원으로 임명된 유가총
(劉家驄, 1885. 11~1886. 3)부터 본격적인 활동을 했는데, 그는 진
수당 시기 원산상무위원으로 초대 부산상무위원인 진위혼으로
부터 업무를 인수받고 상무를 개시하였다. 비록 책임자는 바뀌
었지만 부산상무서의 인원은 큰 변동이 없었으며, 1886년 3월
유가총이 모친상으로 귀국하자 다시 여러 사람이 부산상무위
원을 대리하거나 임명되었는데, 이응원(李應曉, 1888. 11~1894. 3)
을 제외하고는 모두 3년 임기를 채우지 못하였다. 부산상무는

---

27) 인천 부산 원산 세 곳에는 일본통역관을 따로 두었는데, 이들 지역에는 일
    본인들이 많이 거주하고 있어서 그들과의 교섭에 대비한 것으로 보인다(譚
    永盛(1976), p.30).

28) 1901년에는 中華商會, 1910년에는 靑帮組, 1911년에는 農業公議會 등과
    같은 단체를 만들었다(崔承現(1999),「轉折中的旅韓華僑」,『華僑華人歷史
    硏究』1999年第3期, p.44).

제1장 개항기 부산의 청국조계지와 청상들

한성이나 인천에 비해 상대적으로 덜 중시된 것으로 보인다.[29]

〈표3〉 인천 · 부산 · 원산의 청국조계지 면적[30]

조계지	차지 면적	기타 면적	계
인천	6,762.93	2097.07	8,860.00
부산	20,771.80	4917.61	25,689.41
원산	8,341.70	849.40	9,191.10
합계	35,876.43	7864.08	43,740.51

위의 〈표3〉에서 나타나듯 조선의 세 군데 개항장 내 청국조
계지의 토지면적을 비교하면 부산이 가장 넓고, 원산이 다음
이며, 인천이 가장 좁았다. 부산이 인천보다 무려 3배에 가까
운 넓은 조계지를 확보할 수 있었던 것은 일본조계지를 선정하
고 남은 공지의 여유가 있었기 때문이다. 일본 통감부가 고시한
『부산 · 인천 · 원산 청국거류지규정』(1910년)을 보면 1,200분의
1 크기로 부산청국거류지 실측평면도가 첨부되어 있는데, 이

---

29) 이은자(2008), 「淸末 駐韓 商務署 組織과 그 位相」, 『명청사연구』 제30집,
    pp.385-388. 청말 부산상무서의 조직은 이 논문의 p.370, p.386, p.387에 실
    린 표를 참고할 것.

30) 이옥련(2008), 앞의 책, p.68 표.

것을 통해 개항기 부산청국조계지의 구체적인 범위를 알 수 있다. 보통 조계지의 토지매입은 국가에서 일정 지역을 일괄 매입해 택지로 조성한 후 대상국 국민에게 분할 대여하는 것이 일반적이었다. 그리고 조계지의 토지를 3등급으로 구분하고 등급에 따라 가격을 책정한 후 경매를 통해 청국인에게 불하하였다. 이 경우 바다 방향이 반대쪽보다 등급이 높았다고 한다.[31] 이와 비교해 인천의 청국거류지는 서해 안쪽에 약 5,000평이 선정되었는데, 지대가 높고 해안 웅덩이가 많아 견고하게 정지한 후 도로, 하수도, 교량 등을 구축한 다음 부산의 경우처럼 토지를 3등급으로 나누어 불하하였다. 가구배치는 산 구릉지로 인하여 반듯하지 못했지만 도로는 각국공동거류지와 일본인 거류지로 연결될 수 있도록 배열하였다. 부산은 개항 이전부터 왜관이 있어 일본과 오랫동안 교역한 경험이 조계지에도 반영된 반면, 인천은 중국 산동성과 가까워 청상들이 밀집했고 한성과 가까워 정치적 영향도 많이 받았다.[32]

---

31) 황보영희(2009), 앞의 논문, p.421.
32) 오미일(2008), 앞의 논문, p.77.

제1장 개항기 부산의 청국조계지와 청상들

〈표4〉 개항기 부산화교의 인구수[33]

연도	인구수	연도	인구수
1883	(14)	1892	148
1884	15	1893	142(144)
1885	17	1897	(47)
1886	87(82)	1906	197
1890	(164)	1911	168
1891	138	1913	211

위의 〈표4〉와 같이 부산 청국조계지의 화교는 1884년에 15명, 1885년 17명, 1886년 87명에서 몇 년 후인 1891년 138명, 1892년 148명, 1893년 142명으로 꾸준한 증가 추세를 보인다. 청일전쟁으로 잠시 화교들이 대거 귀국한 시기도 있었으나, 러일전쟁 직후인 1906년에는 144명에서,[34] 식민지가 된 직후인

---

33) 개항기 부산화교의 인구수는 불분명하다. 기본적으로 楊昭全·孫玉梅(1991), p.130 표와 『淸季中日韓關係史料』 권5, p.2978, p.3138 등을 기준으로 삼았다. 괄호속의 인구수는 다른 연구물 등에서 언급한 불명확한 수치를 기입한 것이다.

34) 총독부의 자료에 따르면, 1906년 현재 전체 한국화교 3,661명 가운데 인천은 714명, 부산은 144명(마산은 68명), 원산은 230명의 화교가 거주하고 있었다는 통계가 있다. 그리고 1906년 한국에 입항한 중국인은 모두 7,519명이며, 인천항이 4,550명, 부산항이 418명(마산포는 없음), 원산항이 211명이

부산화교의 역사

1911년에는 168명, 조계지가 폐쇄되던 1913년에는 211명에 이르렀다. 단지 부산청국조계지의 중국인 통계 수치의 차이는 거의 모든 기록에서 나타나므로 주의할 필요가 있다. 부산은 인천보다도 홀로 이주하는 독신형 이주가 많았기 때문인지 인구의 변동 폭이 심한 듯 보이며, 인구의 유입속도도 인천보다 훨씬 느렸다. 이처럼 이주율이 낮고 상대적으로 조계지는 넓었기 때문에 굳이 경매의 방법을 거치지 않아도 본인이 원하는 곳에 상점을 낼 수 있었다. 그 결과 청국영사관 주변에 청국인 거리가 조성되고 화교학교가 설립되는 과정을 밟았다. 인천과 같은 체계적인 관리가 이루어지는 진정한 의미의 전관조계지라기보다는 영사관 주변에 집단거류지가 자연스레 형성되는 느슨한 형태로 이해하는 것이 적당할 듯싶다.[35]

지금의 부산시 중구 광복동의 용두산 주위는 초량왜관이 있었고, 동구 초량동에는 청국영사관이 설치되어 왜관과 대비되는 말로 '청관(淸館)'이라 불렀다. 그리고 청관이 있던 곳을 '청관거리'라고 하였다. 당시 청관거리의 풍경에 관해 쓴 다음과 같은 단편 기록이 남아 있다.

었다(朝鮮總督府編(1906), 『第一次統監府統計年報』).

35) 황보영희(2009), 앞의 논문, p.423-424.

제1장 개항기 부산의 청국조계지와 청상들

(a) "청관(淸館)마을은 중구 영주1동 5,911번지 일대와 동구 초량1동 562-3번지 일대의 옛 청국영사관을 중심으로 한 중국인 마을이다. 이곳은 1884년 청국영사관(정식 명칭은 淸國商務公署釜山支署이나 통칭 釜山淸國理事府라고 하였다)이 설치된 이래 청국전관조계지였으므로 청관마을이라 불렀다. (중략) 청국은 자국민을 보호한다는 명분으로 동래감리(東萊監理)와의 협의를 거쳐 1884년 5월 청국영사관을 설치하고 그들이 체류할 조계지의 구획을 결정하여 표목을 세웠다. 이때의 조계지는 북쪽 산허리에서 해변까지 303미터이고 동쪽은 해변을 따라 314미터, 남쪽으로 275미터의 장방형이었다. (중략) 청관마을 앞 초량바다는 매립 전이어서 오늘의 부산역 앞은 소나무가 우거지고 흰모래가 펼쳐진 백사청송의 바닷가였으며 고분(古墳)이 있던 곳이었다. 그러나 1894년 청일전쟁에서 청국이 패하자 관리들과 주민들은 본국으로 돌아가고 귀국하지 못한 일부 청인들과 그들이 남기고 간 재산 그리고 조계시설들은 서울과 인천의 예처럼 서울 영국총영사의 보호 아래 들어갔다."(『동래감리보고』, 1896년)[36]

---

36) 부산광역시사편찬위원회(2006), 『부산의 자연마을-제1권』, 부산광역시, pp.43-44 재인용; 김태만(2009), pp.58-59 참고. 『동구 50년사』에서는 "지

부산화교의 역사

(b) "지나(청국)거류지는 우리(일본) 거류지의 북쪽, 즉 초량에 있으며 부산에 개방된 후 나가사키(長崎) 및 본국에서 한국에 건너오는 사람이 상당히 많으며, 1883년(光緖8년, 明治16년)에는 이사부(理事府, 영사관)가 개설되었다. 상가 역시 점점 증가하여 백 수십 호에 이르렀으나, 청일전쟁 때 관민(官民) 모두 귀국하여 오랫동안 비어 있었다. 그러나 전후에 되돌아오는 사람이 많아졌으며, 1901년에 이사부가 복구되고 상점이 개점되면서 현재 호수(戶數) 20여 호, 인구 100여 명에 이르렀다. 주요 영업은 잡화상이며 음식점이 3~4개소 있다. 수입품은 견직물과 잡화로서 나가사키 혹은 인천에서 수입하고, 수출품은 해삼, 종이(紙類), 소가죽(牛皮) 등이 주요 품목이다. 1년간의 수출입액은 정확히 알 수 없으

금의 부산역에서 중앙동 방면 해안은 사량리(沙梁里)라고 불리던 곳으로 하얀 백사장이 펼쳐진 해변은 여늬 자연 해안 마을처럼 방풍어부림 노송이 울창하였다. 초량천에 있었던 여느 일대는 해정리(海汀里)라 불리었는데 이곳을 일본사람들은 기석빈(棋石濱)이라 불렀다 한다. 이는 바로 물로 씻은 깨끗한 돌들이 널려 있어 흡사 바둑돌과 같았다는 데서 불리어진 이름이다. 사량리에서 해정리에 이르는 해안가에는 수많은 고분(古墳)들이 즐비했다고 하는데, 이들 고분은 고종 22년(1885년) 당시 청나라에서 우리 정부와의 교섭으로 이 일대를 조계지로 설정하고 청관(淸館)이 들어서면서 이 일대의 고분은 철거되었다고 한다."라고 기록하고 있다(동구 문화체육과·동구50년사 편찬위원회(2008), 『동구 50년사』, 부산광역시 동구, p.107).

제1장 개항기 부산의 청국조계지와 청상들

나 대단히 소액인 것 같다. 지나거류지 내에 거주하는 일본
인이 많으며, 대체로 잡화 판매에 종사하고 있다."(『韓國二大
港實勢』, 1905년)[37]

(a)의 기사 내용처럼 청국조계지가 만들어진 초량동 지역에는
본래 공동묘지가 있었다. 모두 2,359기의 분묘가 있었는데, 주
인이 있는 묘지 48기와 주인이 없는 묘지 2,039기가 있었다. 이
것을 동래부가 모두 철거하고, 이 전답을 청국상인이 매수하기
로 했는데 전답가격은 3,287냥으로 정하였다. 이곳에 청국 사람
들이 점포를 겸한 주택을 형성하였다.[38] 조선정부가 청국에 초
량지역을 조계지로 내어준 것은 건너편의 일본조계지를 견제하
려는 의도도 있었던 것으로 보인다.[39] 초량동은 해상교통과 육
지교통이 연결되는 특성을 지닌 지역으로 청관거리를 조금만
벗어나면 바다였는데, 1905년에는 경부선의 종착지가 되었다.
(b)의 기사와 관련해 19세기 후반인 1886년에 조선의 여러 지역
을 정탐하고 돌아간 일본인이 작성한 보고서에는 "부산항에 청

---

37) 相澤仁助(1905), 『韓國二大港實勢』日韓昌文社, p.448.
38) 손정목(1981), 「강화조약과 부산 및 원산의 개항」, 『수도권개발연구소 연구
     논총』(9), 서울시립대학교 참고.
39) 최해군(2000), 『부산사탐구』, 부산을 가꾸는 모임 · 도서출판 지평, p.177.

국상인이 100여 호가 있고 상업과 어업에 종사하며, 당시 이사부와 두세 개의 잡화점이 있다."라고 기록하고 있으며,[40] 20세기 초반인 1905년 부산주재 일본영사관이 편찬한 자료에 따르면, "지나거류지 역시 여기에 있다. 현재 거주하는 사람은 200여 명이라고 한다. 이사청과 순시청이 있고 잡화점이 있다."[41]고 기록하고 있다.

---

40) 동방협회편찬(1893), 『朝鮮彙報』朝鮮紀行(황보영희(2009), p.415 재인용).
41) 손정목, 「병자개국과 도시의 변화(상)」, p.85 재인용.

제1장 개항기 부산의 청국조계지와 청상들

2. 부산지역 청상들의 활동

(1) 청일전쟁 이전

1876년 개항 이래 조선이 일본으로부터 수입한 대표적인 물품
은 면제품으로 조선 수입총액의 80%에 다다랐다. 한 통계에 따
르면, 1877~1882년 사이 조선이 일본으로부터 수입한 물품 중
88% 가량이 외제였다고 하는데, 그 상당수가 영국산 면포였다
고 한다. 일본산이 아닌 영국산이 상해와 나가사키를 경유해
우회적으로 조선에 들어온 것이다.[42] 일본상인들은 서양물품의
상당량을 나가사키에 있는 화교상점을 통해 구입했으며, 부산
은 주요한 통로였다. 이런 추세는 무역장정이 체결된 1882년 이
후 변화하는데, 일본에 근거지를 둔 화상들이 조선과 직접 교역
하기 시작했고, 중국본토의 청상들도 조선에 대거 진출했기 때

---

42) 王恩美(2008), 앞의 책, pp.47-48.

문이다.[43] 일본이 조선에서 주로 쌀을 수입했다면, 청국은 홍삼, 해삼, 한지 등 이외에는 조선으로부터 수입할 것이 없어 수출초 과분에 대해서는 주로 사금과 금괴 등을 수입하였다.

1884년 12월 갑신정변이 일어나자 한때 다수의 청상이 철수 하기도 했으나, 곧바로 청군이 개화파와 일본군을 진압하고 친 청파를 정부의 요직에 앉히자 상황이 바뀌었다. 청상들은 대국 의 위세를 등에 업고 조선 상인들에게 행패를 일삼아 이범진(李 範晉) 사건[44] 등 적지 않은 분쟁을 꾸준히 일으켰지만 청국이 치 외법권의 남용으로 그들을 보호하자 청상에 대한 불만이 고조 되었다. 진수당은 갑신정변 이후 중국 내 유력 상인의 한반도 진출을 권장하였다. 그 결과 조선에서는 중국의 남방과 북방상 인이 모두 활발한 활동을 펼쳤다. 원세개가 '조선총리교섭통상 사의(朝鮮總理交涉通商事宜)'라는 막강한 권력을 가진 채 부임한 1885년은 조선의 무역에서 대청수입이 19%에 불과했지만, 그 비율이 매년 증가하여 청일전쟁 직전인 1893년에는 49%로 일

---

43) 강진아(2007), 앞의 책, p.131.

44) 1884년 5월 청상 민단사무소인 중화회관 설립을 위한 토지매입을 둘러싼 분규 끝에 한성중화회관 董事 熊廷漢 등이 전임 병조판서의 아들이자 삼품 관직에 있던 李範晉을 구타하고 모욕을 준 사건이다(秦裕光(1983), pp.18-19).

제1장 개항기 부산의 청국조계지와 청상들

본과 대등한 수준으로 상승하였다.[45] 청국의 대조선 속국화 정책이 강행되던 1882~1894년의 약 10여 년, 다르게 표현하자면 초기 화교 사회가 형성되던 약 10년간 조선의 화교사회는 해외 화교역사상 전례 없는 전성기를 구가하였다.[46]

특히 원세개는 10년간 조선에 체류하면서 청상이 발전하도록 적극 지원하였다. 그의 임무는 기존 조선무역을 독점하던 일본상인을 견제하고 청국상인의 세력을 확대하는 것이었다. 원세개는 부임하자마자 조선의 관세행정을 장악해 외국으로부터 차관을 얻는 것을 막았으며, 인천, 부산, 원산의 개항장에 분판상무위원을 배치해 해관수입을 감독하였다. 그 밖에도 여러 가지 방법을 동원해 조선의 경제를 장악하는 동시에 청상을 보호하여 중국의 대조선무역을 촉진시키고자 했다. 그 대표사례로는 윤선초상국 기선을 조선에 왕래하도록 만든 것이 있으며, 이 일은 부산항과도 관련이 깊었다.[47]

---

45) 양필승·이정희(2004), p.22. 청국은 수출에서는 차이가 나지만 수입에 관한 한 1883~1884년경에는 일본과 거의 대등한 수준에 도달하고 있다. 청일전쟁 직전인 1893~1894년 무렵에는 이미 일본의 강력한 무역상대국으로 부상하였다(홍순권(2010), 『근대도시와 지방권력』, 선인, pp.53-54).

46) 이옥련(2008), 앞의 책, p.28.

47) 청국의 정기항로 개설은 이미 1883년 11월 조선의 統理各國事務衙門과 청국의 上海輪船招商總局 간에 체결된 『輪船往來上海朝鮮公道合約章程』에 의해서 실현된 바 있다. 1883년 11월부터 매달 1회 富有號를 파견하여 상해-

　　1885년 10월 일본우선회사는 인천지점을 설치하고 일본상인의 건의에 따라 노선을 조정하여 코베-나가사키-인천-연대-천진 간의 항로를 만들었으며, 그 후 이 회사가 조선의 해운권을 장악하였다. 청국상인은 비정기적인 정크선 이외에는 일본우선회사의 기선에 의존하지 않을 수 없었다. 이에 인천거류 청상들은 1887년부터 상무위원 원세개에게 정기항로 개설을 위해 기선을 파견해 줄 것을 요청하였다.[48] 원세개의 노력으로 1888년 3월 마침내 상해-인천 간 항로가 다시 개설되어 1894년 청일전쟁 전까지 정기 운항하였다. 청국의 윤선초상국 기선이 운항이 재개하자 일본우선회사는 타격을 입었으며, 조선의 해운권 및 상권을 놓고 각축을 벌였다. 1888년 6월 러시아도 블라디보스토크-원산-부산-나가사키-연대-상해를 잇는 정기항로 개설하기로 하고 조선정부에 신청하였다. 이에 대항해 1889년 4월 일본우선회사는 상해-연대-인천-부산-원산-블라디보스토크 간 항로를 개설하고 기선 비후환(肥後丸)을 4주 1회 정기

인천 간을 정기 운항시켰다. 그런데 초상국 윤선 부유호는 1883년 11월과 12월, 1884년 1월의 세 차례 운항에 그치고 말았다. 청불전쟁으로 말미암아 부유호가 다른 초상국 윤선과 같이 대만의 海防廳으로 징용되었기 때문이다. 그 후 초상국은 조선 개항장의 무역부진으로 기선운항에 손해가 많다며 운항중단을 제의했고, 조선정부가 이에 합의했다(나애자(1998), 『한국근대해운업사연구』, 국학자료원, pp.50-51).

48)　위의 책, pp.116-117.

제1장 개항기 부산의 청국조계지와 청상들

운항시켰다.[49] 당시 부산항은 청상이 원산이나 (조선 중국 러시아
의 접경지역인) 훈춘 등과 교역할 때 반드시 경유해야 하는 골목
이었고, 일본이나 중국의 여러 상인들이 조선의 각 항구로 왕래
할 때 거쳐야 하는 중요 항구였다.[50]

　1884년 5월부터 부산영사관은 중국인을 부분적으로 등기하
기 시작했다. 한 해 동안 광동인 일가(4명)가 양화점을 열었다.
아마도 앞서 언급한 덕흥호일 것이다. 전체 유동화상은 87명인
데 그 가운데 광동(광서)상인이 29명으로 1/3정도 수준으로 가
장 많았다고 한다.[51] 다음 해인 1885년 무렵 부산에 거주한 전
체 청상 17명을 분류해보면 광동상인 5명, 강서상인 3명, 강소
상인 4명, 복건상인 4명, 그리고 산동상인 1명으로 기록되어 있
다. 그 외에도 혼춘, 인천, 원산을 거쳐 부산항에 도착해 무역활
동을 하는 청상들도 상당수 있었다. 부산을 거점으로 왕래무역
에 종사하는 청상 수만 90명으로 통계가 나와 있는데, 그중 광
동상인(39%), 절강상인(28%), 산동상인 19명(21%) 순이었다. 나
머지 11명은 직례상인, 천진상인, 길림상인과 강서상인 등이었

---

49)　위의 책, pp.126-127.

50)　譚永盛(1976), p.41.

51)　廣東省地方志編纂委員會辦公室(1998), 「中朝通商初年到朝鮮的華商」, 『廣
　　東史志』, 1988-2, pp.2-4(문은정(2004), 앞의 논문, p.4 재인용).

다.[52] 부산을 거점으로 왕래무역에 종사하는 청상들은 대체로 훈춘항, 원산항, 부산항, 나가사키항, 인천항을 오가며 활동하였다. 특히 훈춘으로부터 많은 무역상들이 부산으로 이동하는 양상이 나타난다.[53] 이처럼 초기의 청상들은 대부분 중국의 훈춘이나 상해, 조선의 원산이나 한성, 일본의 각 도시 등으로 가기 위해서 부산에 잠시 머물렀을 뿐 장기적으로 거주하며 상업에 종사하지는 않았다.[54] 그런 까닭에 부산 현지에는 해관원 3명, 영국영사관 고용원 2명, 덕흥양화점 상인 등 총 15명만이 거주화교였으며, 나머지 대부분의 청국상인은 '통과상인'이었다.[55] 요컨대 부산은 원산처럼 훈춘-부산-인천-상해 등을 연결하는 경유지로 기능한 것이다.

통계수치가 남아 있는 1886년의 사례를 통해 부산 청상의 활동상황을 알아보자. 1886년에 부산에 등기한 화상은 모두 28인이며, 왕래하면서 무역하는 자는 59인으로 모두 87인이었다.

---

52) 이옥련(2008), 앞의 책, p.81.

53) 위의 책, p.84.

54) 譚永盛(1976), 앞의 논문, p.41.

55) 『淸季中日韓關係史料』(4권), pp.1792-1796에는 1884년(광서10년) 윤5월부터 12월까지 부산을 통과한 화상 명단이 있다(정혜중(2007), 앞의 논문 p.14 참고).

제1장 개항기 부산의 청국조계지와 청상들

그중 광동(광서)상인은 절반 정도였다.[56] 1886년을 기준으로 본 조선에서의 청국상인 수와 출신지 통계에 따르면,[57] 부산의 경우 광동, 복건, 절강과 같은 남방 출신의 비율이 무려 84.1%나 차지하고 산동성 출신자는 13.4%에 불과한 통계수치가 나타나 주목할 만하다.[58] 뿐만 아니라 (1883년부터) 1886년에 인천에서 활동한 청상의 출신지 가운데 유일하게 복건상인의 활동이 보이지 않거나 미미하다. 그런데 복건상인은 1886년부터 부산에서 활동하고 있는 것으로 나타나 흥미롭다. 이들은 부산에 상주하거나 부산을 거점으로 왕래 무역에 종사한 것으로 보인다. 1886년 부산항 상주 청상 및 왕래 청상 명단[59]에서 찾을 수 있듯 부산에서 활동하던 청상 중에 엽수미(葉守美)와 설득구(薛得久)가 바로 그 복건상인이다. 이들은 가족과 동반해 부산에 정착해 거주한 것으로 나타난다. 이와 같이 복건인을 부산에서 볼 수 있는 까닭은 복건인이 주류를 이루는 일본의 나가사키

---

56) 廣東省地方志編纂委員會辦公室(1988), 앞의 논문, pp.2-4(문은정(2004), p.4 재인용).

57) 李玉蓮(2005), 「近代韓國華僑社會의 形成과 展開」, 인하대학교 대학원 사학과 박사학위논문, pp.36-37, pp.70, pp.77-78(王恩美(2008), p.55 재인용).

58) 王恩美(2008), 앞의 책, p.54.

59) 『清季中日韓關係史料』 권4권, pp.2221-2225 목록; 이옥련(2008), 앞의 책, pp.137-138 표.

화교사회와 깊은 관련이 있는 것으로 보인다. 널리 알려져 있듯이 복건인은 주로 동남아시아에서 활동하고 있으며, 일본의 화교사회에서도 광동인 다음으로 주류를 이루고 있었다. 특히 개항 초기부터 부산은 일본상인이 집중된 지역이었다는 점을 감안할 때, 이 두 복건인 가족은 나가사키에서 온 부산 지점장이거나 지점 직원일 가능성이 높다.[60]

개항기 청상들의 경영은 대개가 본국 혹은 일본에 본점을 두고 조선에 지점을 설립하는 형식을 취하고 있었다. 그리고 중국에서 경영하던 방식대로 청상들 간의 신용거래망을 형성하면서 무역활동을 진행하였다. 예컨대, 부산에서 개업한 덕흥호(1883년)는 일본 고베에 있던 공흥호의 부산지점이었고, 인천에서 개업한 협기행(協記行, 1890)도 산동성 연대에 본점을 둔 인천지점이었다.[61] 그런 까닭 때문인지 초기 조선의 화교들은 대체로 독신형 출가의 화교사회를 구성했는데, 지리적 여건이나 출신지역을 감안한다면 부산의 경우 그런 경향이 더욱 뚜렷했을 것이다. 하지만 청국 영사관이 설치된 이후에는 부산거주 청상의 숫자는 비록 인천과 비교할 수는 없지만 꾸준히 증가하는 추세를

---

60) 이옥련(2008), 앞의 책, pp.84-85의 분석에 따랐다.
61) 秦裕光(1983), 앞의 책, pp.22-23. 물론 동순태호와 같이 한성에 본점을 둔 예외적인 사례도 있다.

보인다. 그 후 청일전쟁 직전인 1893년의 통계를 보면 조선에서 청상의 무역수지가 가장 높게 나타난 때였다. 그럼에도 불구하고 부산에서 청상의 수입액은 전체 17.9%를 차지해 부산은 대일무역이 여전히 우세를 이루었다.[62] 인구수는 중국인은 142명, 일본인은 4,778명, 서양인은 8명으로 모두 4,928명이었다.[63] 당시 일본상인은 주로 곡식을 매입하기 위해 개항장 밖으로 상권을 확대했으며, 청국상인은 주로 수입면제품을 판매하기 위해 내지로 상권을 확장하였다.

앞서 언급했듯이, 원세개는 각 개항장에 상무위원을 배치하여 해관 수입을 감독했으며, 개항장의 세관장도 중국의 추천으로 결정하였다.[64] 부산의 경우 1888년 이홍장이 추천한 영국인

---

62) 이옥련(2008), 앞의 책, p.86.

63) 楊昭全·孫玉梅(1991), p.131. 다른 통계에 따르면, 1893년 조선에 거주하던 외국인 가운데 최다수는 일본인으로 전체 외국인 11,227명 가운데 8,882명을 차지해 약 79%를 차지하였다. 서울 및 3개 개항장 중에서 외국인이 가장 많은 곳은 부산으로 전체 외국인 수의 약 43%인 4,928명이 부산에 거주하였다. 특히 부산의 경우는 외국인 중 일본인이 차지하는 비율이 약 97%나 되었다. 청국인은 144명이었다(홍순권(2010), 『근대도시와 지방권력』, 선인, p.60).

64) 1883년에 초대 부산해관장인 영국인 William Nelson Lovatt가 부임했으며, 새임기간은 1883년 10월부터 1886년 5월 31일까지였다. 2대 부산해관장은 프랑스인 A. Theophile Piry로 1886년 6월 1일부터 1888년 7월 26일까지 근무하였다. 그리고 3대 부산해관장인 영국인 헌트는 1888년 7월 27일부터 1898년 7월 18일까지 무려 10년을 근무하였다. 그 후에도 외국인 해관장이

헌트(Johnathon H. Hunt, 何文德)를 부산해관장으로 임명하여 해관업무를 관장하도록 했다.[65] 그 후 청상의 수출입 무역에 대해서는 거의 무관세로 이루어지도록 했으며, 심지어 청상은 해관을 통하지 않고 조선 연안의 포구에 직접 들어와서 별다른 제약 없이 무역을 할 수 있었다. 일본의 경우는 전혀 달랐다. 과거에는 일본우선회사의 화물이 육지에 내려지면 해관에서 곧바로 출항면허장을 내주었지만, 이제는 수입화물에 대한 관세를 지불하지 않을 경우 출항면허장을 교부하지 않는 방법으로 일본 상인을 압박하였다.[66]

(2) 청일전쟁 이후

청일전쟁 직전 일본은 오사카, 고베, 나가사키를 기점으로 하여

계속 부임하였다(윤광운 등(2006), 『근대 부산해관(1883~1905년)과 고빙 서양인해관원에 관한 연구』, 도서출판 전망, p.80).

65) 부산항에 근대적 매립이 처음 시작된 것은 부산세관장이었던 헌트가 부산 세관의 협소함을 내세워 용미산 기슭의 일부를 깎아 매립한 것이 부산항 매립역사의 출발이었다(김승(2010), 「일제강점기 해항도시 부산의 형성과 발전」, 『동아시아, 개항을 보는 제3의 눈』, 인하대학교출판부, p.68).

66) 박원표(1967), 『향토부산: 부산의 고금시리즈 제3부』, 태화출판사, 46쪽(김태만(2009), 앞의 책, pp.59-60 재인용).

조선의 세 개항장을 연결하는 항로를 열었고, 청국은 상해와 인천을 연결하는 항로를 열어 상권을 다투었다. 청일전쟁이 발발하자 청국의 기선운항은 전면 중단되었고, 러시아의 기선이 주로 정치 군사적인 목적에서 운영되었다.[67] 그런데 19세기 말 20세기 초 한국사회에서 화교에 대한 이미지는 공포와 혐오감, 멸시 등 부정적인 이미지가 강하였다. 특히 1894년 청일전쟁이 발발한 후 조선에서는 중국인을 멸시하는 풍조가 일어났다. 예를 들어 『독립신문』에는 "근년에 청인들이 조선으로 오기를 시작하여 조선사람 할 일과 할 장사를 빼앗아 하며 가뜩이나 더러운 길을 더 더럽게 하며, 아편을 조선 사람들 보는데 먹는" 상황이라고 비난하였다(1896. 5. 21.). 또 중국인이 허용된 범위를 넘어 내륙 이곳저곳을 파고들어 거주하며 장사하고, 인천 같은 곳에서는 법적 근거가 미비한데도 조선인에게 조차지를 매매하면서 충돌을 빚는 사태가 출현한다고 꼬집었다(1896. 9. 12.).[68] 전쟁을 전후해 한동안 화교문제는 조선인에 의한 보복과 박해로 표출되었다. 현재까지 특별히 남아 있는 기록이 없어 부산지역의 화교는 별 영향을 받지 않은 것으로 보이지만, 이런 혼란

---

67) 니에지(1998), 앞의 책, p.277.

68) 백영서(2000), 「대한제국기 한국언론의 중국인식」, 『동아시아의 귀환』, 창작과비평사, pp.175-176.

상황은 『청상보호규칙(淸商保護規則)』(1894년 11월 20일)의 발표로 점차 수습되었다.[69]

　조선정부는 『청상보호규칙』을 만들어 청상 거주지를 한성, 인천, 부산, 원산 등 4개 지역으로 제한하고, 내륙 행상은 일체 허락하지 않았으며, 타 지역 이주도 금지하는 등 강력히 통제하였다. 재판관할권 역시 조선정부에 귀속시키는 등 중국인들의 특권을 박탈하였다. 이 청상보호규칙에 따라 청상은 그동안 청국을 기반으로 누려왔던 모든 특권을 완전히 빼앗겼으며, 이제는 일본상인보다 훨씬 열악한 조건에서 상업을 전개해야 했다. 이 규칙의 이면에는 개항장을 벗어나 내지 각처에서 불법적으로 활동하는 청상을 통제하고, 동시에 청상들의 새로운 유입을 제한하기 위한 목적이 있었다.[70] 하지만 이 규칙은 실효를 거두지 못하였다. 오히려 청상의 밀무역은 나날이 성행했으며

---

69) 『청상보호규칙』의 주요 내용은 다음과 같다. 제1조. 청상들의 거주 지역을 한성 성내 및 인천 부산 원산의 3개 개항장으로 한정한다; 제2조. 기존 거주자는 해당 지방관청으로부터 거주허가를 받아야 한다; 제4조. 새로 입국하고자 하는 자는 소유자본과 사업계획에 대해 사전심사를 받아야 한다; 제5조. 청상들의 내륙 상업은 일체 불허하며 내륙에 점포나 화물을 가지고 있던 자는 정해진 기한 내에 회수해야 한다; 제8조. 청상의 재판관할권은 조선정부에 귀속된다 등(楊昭全·孫玉梅(1991), 앞의 책, pp.110-112 참고).

70) 박준형(2009), 「청일전쟁 발발 이후 동아시아 각지에서의 청국인 규제규칙의 제정과 시행-일본, 조선, 대만의 예를 중심으로」, 『한국문화』 47집, p.241.

제1장 개항기 부산의 청국조계지와 청상들

상권도 확대되었다. 그 까닭은 상해를 중심으로 형성된 화상들의 강력한 무역네트워크가 작동하고 있었기 때문이다.[71] 청국과 일본의 조선 내에서의 경쟁은 전쟁 중에는 잠시 주춤하였으나, 전쟁이 끝난 1895년 5월에 무려 3,000명의 화교상인이 한성에 귀환하면서 다시 재발되었다. 전후 요동반도 처리문제로 조선에서 일본의 권위가 떨어지자 이 기회를 빌려 청상들이 대거 복귀한 것으로 보인다. 1894년부터 1899년까지 부산, 원산, 인천의 청국인들은 사실상 영사 없이 조선정부의 관리 아래 거류민 자치를 실시하였다.

청일전쟁 후 약 5년간 조선과 청국은 국교가 단절된 상태였다. 따라서 부산, 원산, 인천 청국전관조계는 그 설정근거를 상실하였다. 원세개의 후임으로 당소의(唐紹儀)를 상무위원 겸 총영사로 파견했지만 그 사이 새롭게 성립한 대한제국(大韓帝國, 1897년 10월 12일)은 그를 정식 외교사절로 인정하지 않았다. 결국 1년간의 협상 끝에 1899년 9월 11일 『한청통상조약(韓淸通商條約)』(전문 15조)이 맺어지면서 비로소 외교관계가 회복되었다. 1882년의 『조청상민수륙무역장정』에서 규정된 두 나라의 상하

---

71) 이른바 '상해네트워크'란 19세기 후반 상해를 중심으로 영국제 면직물을 수입하여 다시 상해에서 화북지역 조선 일본 등으로 재수출하는 유통구조를 말하는데, 여기선 화상과 일상의 활동이 중요하였다.

종속 관계가 1899년의 새로운 조약을 통해 독립국 간의 대등한 관계로 바뀌었다. 이 조약에서 양국은 상호 간에 치외법권을 인정했으며, 상대국 통상항구에서 잔류할 권리를 동등하게 부여하는 등 호혜 원칙을 규정함으로서 진정한 의미에서 평등조약을 맺었다. 이 조약에 따라 청상의 내륙 상업행위는 금지되고, 화교가 범죄를 저질렀을 경우 조선의 법률로 처벌받게 되었다. 또한 청국의 관세율에 맞추어 낮은 관세율을 적용받던 청상에 조선의 관세율을 따르도록 하였다.[72] 하지만 이런 새 조약을 통해 실제로는 청국상인의 내지거주가 가능해지는 등 화교의 불안정한 지위가 안정을 되찾을 수 있었다. 이때부터 공식적으로 '청국이사부'를 '청국영사관'이라고 불렀다.

한청통상조약으로 부산 청상들의 활동이 크게 제약을 받은 것은 사실이지만, 청상의 무역이 위축되지는 않았다. 이것은 거류민이 조금씩 늘어난 사실에서도 알 수 있다. 청일전쟁 직후인 1897년 부산화교들에 대해 일본상인들은 『'일한'통상협회보고('日韓'通商協會報告)』에서 "부산항에 있는 지나인의 세력은 미미하여 도저히 우리의 적수가 되기는 부족하지만 요즘 조금씩 세력을 넓히고 있는데, 현재 호구는 14호(戶)에 인구는 29명으로 소간물점(小間物店) 9호, 잡화점(雜貨店) 4호, 오복점(吳服店) 1호

---

72) 楊昭全·孫玉梅(1991), 앞의 책, pp.113-118 참고.

제1장 개항기 부산의 청국조계지와 청상들

등이다. 총 29명 가운데 여자는 겨우 1명이고 나머지는 남자이다."[73]라고 소개한다. 다음 해의 보고에서는 본래 부산은 일본 상인이 독점하고 있어서 중국인 가운데 2~3명의 상인을 제외하고는 일본인의 적수가 되지 않는다고 하면서도, 최근 자본이 풍부한 상인들과 연결하여 수입품 판매를 벗어나 수출에도 간여하기 시작했다고 한다. 특히 우피(牛皮) 수출의 경우 일본상인의 시장을 넘보고 있다고 하였다.[74]

1899년 부산에 청국영사관이 설치되자 이를 중심으로 형성된 청관거리에는 청상들이 양쪽에 점포를 겸한 주택을 가지고 장사를 하였다. 주로 상해에서 수입한 비단과 양복지, 거울, 실, 수건, 화장품 등과 같은 일용잡화들이었다. 고객은 부산사람들뿐만 아니라 김해, 양산, 울산, 밀양 지역에서 혼수를 장만하기 위해 온 부녀자들도 많았다고 한다. 장사가 잘되자 점포의 수도 늘어났다.[75] 이 무렵 부산에서 일어난 화교관련 사건으로는, 1898년 8월 부산의 조선통사(朝鮮通事) 유정준(劉廷俊)이 장물의

---

73) 「日本の支那人」『'日韓'通商協會報告』第19號, 1897년 3월, 54쪽(한국학문헌연구소 편, 『'日韓'通商協會報告』(3), 아세아문화사, 1983년 영인본).

74) 「釜山に於ける淸國商人」『'日韓'通商協會報告』第32號, 1898년 4월, 43쪽 (한국학문헌연구소 편, 『'日韓'通商協會報告』(4), 아세아문화사, 1983년 영인본).

75) 최해군(2000), 앞의 논문, p.183.

이익분배와 관련한 문제로 산동출신 화상 곡여관(曲餘寬) 부자에게 구타 모욕당하여 고소한 일이 있었다. 당시 부산에는 청국영사가 없었기 때문에 조사에 적지 않은 어려움이 있었다.[76] 부산영사관의 영사가 부임하자 1899년 새롭게 개항한 마산화교 관련업무도 맡았는데, 이 사실은 마산에 이주한 중국인들 중에 부산에서 생활하던 화교가 포함되었을 가능성을 보여준다. 마산이 중국연해와 거리가 멀고 부산과 가깝다는 사실에 따른다면 자연스런 상황일 것이다.[77] 어쩌면 마산화교의 출현은 부산 청상의 활발한 상업활동을 반영하고 있는지도 모른다.

　여기서 거류민 증가와 더불어 주목할 사건은 항로의 개설이다.[78] 당시 화교는 주로 인천을 통해 들어왔는데, 1903년 부산과 상해, 블라디보스토크를 잇는 항로가 다시 열리면서 장기적으로 이들 개항지에 화교의 증가를 가져왔다. 이들은 대개 목

---

76)　박정연 외 8인 지음(2013), 『중국 근대 공문서에 나타난 韓中關係-"淸季駐韓使館檔案"解題』, 한국학술정보, pp.355-356.

77)　문은정(2004), 앞의 논문, p.4.

78)　부산에는 1903~1904년경 일본우선회사 및 러시아 동청철도회사의 상해선 및 블라디보스토크선이 있었다. 러일전쟁이 발발하면서 중지되었고 잠시나마 오사카상선회사의 배가 운행하다가 휴업하였다. 그 사이 중국 중남부지역의 무역화물은 나가사키 등을 경유하는 불편을 겪었다. 그러나 전쟁 후 조선우선회사가 상해항로를 열면서 중국방면의 선박이 운행되었다(朝鮮總督府編(1927), 『朝鮮にあける支那人』, p.141).

제1장　개항기 부산의 청국조계지와 청상들

수, 미장이, 석공, 벽돌공, 대장장이, 철물 제조, 간장 제조, 표구, 세탁, 이발업 등의 기술을 가진 숙련노동자들이었으며 토목인부, 짐꾼, 광부, 목도꾼, 머슴 등의 미숙련노동자도 적지 않았다고 한다.[79] 이 때문에 상인 중심의 초기 화교에서 노동자 중심으로 점차 바뀌었지만 대부분이 계절 노동형태라서 부산에서 중국인의 증가가 곧바로 공식적인 화교의 인구수 증가로 이어지지는 않았다.[80]

대한제국 시기 청상의 세력 확대에 가장 예민하게 반응한 나라는 역시 일본이었다. 1899년 2월 부산의 가토 마쓰오(加藤增雄) 총영사 대리는 외무대신에게 보낸 「조선신개항(朝鮮新開港)의 건(件)」이라는 보고서에서 일본이 개항시킨 조선의 여러 항구에서 화상들의 상업활동이 활발한 것에 대한 우려를 표명하였다.[81] 그는 청상이 부산에서 다시 상점을 열자 비조약국민의 부정 상행위라 하여 한국정부에 단속을 요구하였다.[82] 구한말

---

79) 박은경(1986), 『한국 화교의 종족성』, 한국연구원, pp.75-78.
80) 장세훈(2009), p.313. 이 논문에서는 개항과 식민지시기를 포함해 부산의 청관거리의 특징을 '대내적 차단형 지역사회'라고 명명한다.
81) 濱下武志(2002), 「19세기 후반 조선을 둘러싼 금융네트워크」, 『명청사학연구』 제17집, p.196.
82) 『舊韓國外交文書』 4. 日案 4999호 광무3년 2월 21일(전우용(2003), 「한국 근대의 화교 문제」, 『한국사학보』 제15호, p.382 재인용).

인 1905년에 간행된『한국이대항실세(韓國二大港實勢)』에는 부산의 중국인 거류지에 20여 호 100여 명이 잡화점과 음식점을 운영하고 있는데, 직물과 잡화를 나가사키나 인천으로부터 수입하고, 중국인 거류지에 일본인들도 거주하며 잡화 등을 판매한다고 기록하였다.[83] 이 무렵 부산에서 일어난 화교관련 사건으로는, 1907년 9월 인천화상을 통해 중국엽전을 부산과 마산의 화상에게 밀반입했다가 적발된 일이 있었다. 이에 청국총영사 마정량(馬廷亮)은 중국 밖으로 엽전을 빼돌려 판매한 것은 엄한 범죄라며 인천영사 당은동(唐恩桐)과 부산영사 가문연(賈文燕)에게 조사와 처리를 지시하였다. 화교들의 탄원이 계속되자 결국 관련자에게 벌금을 부과하고 엽전을 중국으로 돌려보내는 것으로 사건을 마무리하였다.[84] 한편 부산에서는 한국이 식민지화되는 혼란의 와중에도 청국영사의 권고로 1908년 무렵 직물상을 중심으로 한 부산중화상회가 건립되는 특기할 만한 사건이 있었다.[85]

러일전쟁에서 승리한 일본이 1905년 11월 을사늑약을 맺어

---

83) 相澤仁助(1905),『韓國二大港實勢』, 日韓昌文社, p.448.

84) 박정연 외 8인 지음(2013), 앞의 책, pp.490-491.

85) 朝鮮總督府(1924), p.139. 한 연구서에는 부산중화상회가 197명의 회원으로 1910년 8월 18일 창립되었다고 기록한다(安井三吉(2005), 앞의 책, p.141).

제1장 개항기 부산의 청국조계지와 청상들

대한제국의 외교권과 군사권을 빼앗으면서 사실상 한국은 식민지가 되었다. 이에 따라 1899년에 맺은 한청통상조약은 무효화되어 청국은 통감부와 새로운 조약을 체결했는데, 이것이 1910년 3월 11일에 맺은 『인천, 부산, 원산 청국조계장정』이다. 이 조계장정은 "제1조 한국의 인천 부산 및 원산의 청국조계의 경계를 정하고, 수목(數目)과 지단(地段)의 등급을 측정하고 고루 별표에 표시한다. 앞으로 조계를 조정해 다시 협정을 맺은 후에 주소를 확충하고 청국인이 거주하도록 한다. 청국인민은 또한 편리한 대로 각국 조계에서 거주하거나 무역할 수 있다."로 시작하는 전문 14조의 내용으로 이루어져 있다.[86] 통감부 외교부장 고마츠 미도리(小松綠)와 청국 주한국총영사 마지량(馬延亮) 사이에 체결된 이 장정은 조약의 주체가 한국에서 일본으로 바뀐 것을 제외하면 인천, 부산, 원산의 청국조계지를 그대로 유지하는 내용을 담고 있었다.[87]

1910년 한일강제병합이 되자 한국은 일본의 완전한 식민지가 되었으며 화교의 지위에 변화가 있었다. 총독부는 '조약에 의해 거주의 자유를 갖지 않는 외국인에 관한 조치'를 제정하여 화교를 포함한 외국인은 허가를 얻어야만 거류지 이외의 지역에

---

86) 楊昭全 · 孫玉梅(1991), 앞의 책, pp.121-124 참고.
87) 安井三吉(2005), 앞의 책, p.134.

부산화교의 역사

거주하거나 취업할 수 있도록 규제를 강화하였다. 하지만 화교
는 과세규정을 준수하면 토지를 임차하거나 소유하여 건축할
수 있었고 매매도 할 수 있었다. 당시 조선총독부는 청국조계지
에 대한 정리요령을 다음과 같이 규정하였다. 첫째, 인천 부산
및 원산에 있어서 청국거류지는 1913년 3월 31일에 기해 이를
폐지한다. 그 거류지는 조선 지방 행정구역에 편입되며 그 공공
사무는 모두 제국 해당관청에서 담임하는 것으로 한다. 둘째,
기존 제국 해당관청에서 발급한 영대차지권에 의해 청국거류지
내의 지소를 점유하는 청국인은 거류지 철폐와 동시에 제국법
령의 규정에 의해 하등의 보상을 하지 않고 그 지소의 소유권
을 취득하는 것으로 한다. 셋째, 전항에 의하면 청국이 소유권
을 취득한 지소는 제국신민이 속한 일반의 소유지와 동일한 취
급을 받는 것으로 한다.[88] 총독부는 이와 같은 기본방침을 정하
고 청국 총영사와 청국전관조계지 철폐와 관련해 회담하였다.

그런데 1911년 10월 신해혁명이 일어나고 다음 해 1월 손문
(孫文)이 임시대총통에 취임하면서 중화민국이 성립되었고 곧
이어 청조는 멸망하였다. 1913년 11월 일본이 중화민국을 공식
승인하면서 청국화교의 신분에 다시 한 번 근본적인 변화가 찾
아왔다. 그해 12월 총독부 외사국장 고마츠는 중국재조선총영

---

88) 이옥련(2008), pp.97-98 재인용.

사 부사영(富士英)과 『재조선청국조계지폐지협정』을 체결하고 청국이 조선에 설치한 조계를 폐지하는 문제에 최종 합의하였다.[89] 결국 청상의 근거지였던 청국조계지가 폐쇄되고 조선총독부의 지방 행정구역으로 편입된 것이다. 이에 따라 부산에 있던 청국조계지도 폐지되어 조계의 특권은 사라졌지만 여전히 중국인의 소유권은 그대로 인정되어 화교들의 집단거주지는 유지되었다. 정치적 격랑에도 불구하고 부산 청관거리의 점포에는 비단, 포목, 양복지, 거울, 꽃신 등 중국 상해 등지에서 수입해 온 상품이 넘쳐났고, 소매업뿐만 아니라 각 지방상인을 대상으로 한 도매업도 성행했다고 전한다.[90] 일본인들은 이런 청관거리를 '중국인 거리', 즉 '시나마치(支那町)'라고 불렀다.

---

89) 安井三吉(2005), 앞의 책, p.136.
90) 이종우(2007), 앞의 논문, pp.52-53.

부산화교의 역사

식민지도시 부산의 시나마치支那町와 화교들

1. 일제하 부산화교의 일상적인 삶

(1) 인구와 직업

과거 청상(淸商)의 근거지였던 청국조계지는 「재한청국거류지 폐지협정」(1913년 3월)으로 없어지고 조선총독부의 지방 행정구역으로 편입되었다. 이에 따라 부산에 있던 청국조계지도 폐지되어 그 특권이 사라졌다. 개항기 왜관으로 가던 골목에 위치한 이곳은 일본인에게 시나마치(支那町) 거리라고 불리며 여전히 중국인 밀집지역으로 유지되었다. 이즈음 중국에서 신해혁명이 발발하고 중화민국이 수립(1912년 1월)되자 서울의 청국 총영사관이 중화민국 총영사관으로 바뀌었다. 비록 혁명으로 군주제가 몰락했으나 공화제가 자리 잡지 못하면서 군벌정치가 나타났다. 군벌의 농민에 대한 무자비한 수탈과 반복적인 자연재해는 결국 중국인들이 조선으로 대량 이주하는 사태를 초래하였다. 이때는 주로 북한지역에 중국인들이 급증했고, 도시가 아닌

농촌에도 광범하게 퍼졌다.[1]

　일제강점기에는 화교의 인구분포가 기존 개항장 중심에서 대구, 목포, 군산, 평양, 청진 등의 지방 대도시, 그 다음에는 지방 중소도시로 확산되었다. 이제 중국인은 개항장뿐만 아니라 전국 어디서나 볼 수 있었다. 식민지도시 부산은 일본인의 인구비중이 전국 어느 도시보다 높았으며, 일제가 패망할 때까지 일본인의 지배력이 가장 큰 도시였다. 이 사실은 부산에서의 화교 영향력이 상대적으로 약했을 것이라는 사실을 암시한다. 실제로 전국 화교인구 가운데 부산은 불과 전체의 1%내외를 차지하였다.[2] 1910년대의 조선총독부 통계에는 대표적인 화교거류지로 선택한 지역에 부산과 마산이 빠져 있어 흥미롭다. 오히려 청진이 들어가 있는데, 이것은 조선의 남부는 화교가 별로 증가

---

1)　조선총독부(朝鮮總督府)의 서무부 조사과에서 만든 『조선에서의 지나인(朝鮮に於ける支那人)』(1924)과 小田內通敏이 쓴 보고서 『朝鮮に於ける支那人の經濟的勢力』(1925)은 일제강점기 한국화교에 대한 기본적인 정보를 제공한다. 그 가운데 부산관련 화교정보는 비록 분량은 적지만 유용한 사료이다. 중국대륙에서 출판한 한국화교 관련 사실상 최초의 저작으로는 楊昭全·孫玉梅, 『朝鮮華僑史』(中國華僑出版公司, 1991)가 있다. 이 책은 식민지 시기 한국화교의 역사에 주목하고 있고 북한화교의 역사 현황을 담고 있는 특징이 있다(송승석(2010), 「"한국화교" 연구의 현황과 미래」, 『중국현대문학』 제55호, pp.178-179).

2)　안미정(2011), 「부산 화교의 이주를 통해 본 '전쟁'과 가족」, 『石堂論叢』 제50호, p.589.

하지 않았고, 북한지역에 화교가 급증했음을 보여준다.

<표5> 부산부(釜山府) 거류 중국인 호구표[3]

호구 연도	호구 수	안구			호구 연도	호구 수	인구		
		남	여	합계			남	여	합계
1910년 (明治43年)	50	-	-	356	1917년	38	161	26	187
1911년	34	-	-	168	1918년	45	151	36	187
1912년 (大正元年)	46	175	35	210	1919년	41	162	29	191
1913년	43	180	31	211	1920년	47	211	15	226
1914년	36	149	21	170	1921년	49	217	14	231
1915년	47	189	21	210	1922년	57	239	18	257
1916년	40	149	26	170	1923년	72	310	23	333

---

3) 朝鮮總督府庶務部調査科(1924), 『朝鮮に於ける支那人』, 朝鮮總督府,
    p.138.

제2장 식민지도시 부산의 시나마치와 화교들

위의 표에 나타나듯, 1910년대 중반 부산부(이하 부산이라 약칭함)[4] 화교인구가 청일간의 정치적 긴장으로 증감을 반복하다 그 후에는 꾸준히 증가하는 추세가 나타난다. 특히 조선총독부가 이 통계를 작성한 1923년은 전년인 1922년보다 현저히 증가하였다. 그리고 앞의 표에는 빠졌지만 1923년 333명에서 1925년 542명으로 증가했다는 사실로 볼 때, 만보산사건이 발생하기 전까지 대체로 증가했을 것으로 추측된다.

일제강점기 국내화교의 전체적인 인구변화를 보면 1920년대에 들어와서 여성의 비율이 10%를 넘어서고, 그 수치가 1930년대에도 꾸준히 증가하고 있다. 이것은 진정한 의미에서 화교들이 조선사회에 정착하고 있음을 보여준다. 특히 1920년대의 10년 동안 조선화교의 경제력은 막강했는데, 그중 1927년 전후는 화교의 경제활동이 가장 왕성했던 때였다. 서울, 인천 등에 분포해 있던 화교상인들은 주로 비단 옷

---

4) 일제강점기 부산과 부산부의 관계를 잠시 이해할 필요가 있다. 1900년 전후까지도 부산의 기원인 '부산포'는 동래부 소속의 작은 어촌 마을에 불과했으며, 부산포 주변의 해안가에 일본인 거류지 초량왜관과 소규모의 중국인 거류지가 있었다. 1914년 일제가 전국적인 행정구역 개편을 하면서 왜관을 중심으로 '부산부'기 생겨났고 이때 부산진 초량 영도가 포함되었다. 다시 1936년에는 서면과 송도가 부산부로 편입되었고, 1942년에는 아예 동래부 전체가 부산부에 편입되어 오늘의 부산시에 이른다(KBS 부산재발견 제작팀 지음(2012), 『TV로 보는 부산의 역사-부산 재발견』, 우진, pp.196-200).

감, 면화, 고추, 마늘 등 각종 상품을 중국에서 대량 수입해 다시 조선의 전 지역에 판매하였다. 1927년 당시 부산화교는 54.8%가 일본인 소유가옥을 임대하였고, 14.5%는 화교 자신의 토지와 가옥을 소유했으며, 나머지 10.5%는 남의 토지에 자신의 가옥을 짓고 살았다는 통계가 있다.[5] 그렇다면 시나마치를 중심으로 모여 살던 부산화교들은 어떤 직업을 가지고 있었을까?

<표6> 부산부(釜山府) 거류 중국인 직업별 호구표[6]

직업별	호수	인구	직업별	호수	인구
吳服商	19	131	土木人夫	3	61
農業	15	27	支那面包	11	27
人力車夫	-	1	苦力	1	2
料理·飮食店	23	84	총계	72	333

1923년 말 조선총독부의 조사에 따르면, 부산화교의 주요 직

---

5) 김승(2013), 「일제강점기 부산 화교의 존재형태와 사회정치적 동향」, 『제56회 전국역사학대회: 역사 속의 소수자』(발표문), p.825.
6) 朝鮮總督府庶務部調査科(1924), p.139. 이 도표는 1923년 기준으로 부산 경찰서에서 작성한 표이다.

제2장 식민지도시 부산의 시나마치와 화교들

업은 다음과 같다. 총 333명, 남자 310명, 여자 22명으로, 포목점에 19가구, 요리점에 23가구, 중국호떡(만두)점에 11가구, 농업에 15가구 등이 종사한다고 기록되어 있는데, 다른 도시와 마찬가지로 포목점과 음식점에 종사하는 상인 인구가 가장 많았음을 알 수 있다. 위의 통계표에는 화공의 숫자가 거의 없는 것으로 보아 계절성 이동이 잦았던 탓에 제외된 듯싶다. 이 통계만으로는 삼파도의 하나인 면도칼, 즉 이발점에 종사한 부산화교의 상황은 현재로서는 알 수 없다.[7] 이보다 10여 년 앞선 시기인 1912년에 간행된 『부산요람(釜山要覽)』에도 중국인 거류지 내의 전포가 30호가 있는데 포목업과 음식업이 주류를 이루고 있다고 기록하고 있다.[8] 이처럼 식민지도시 부산에서 화교들의 주요업종이 포목점과 음식점이란 사실은 큰 변동이 없었다.

　직업별로 일제강점기 부산화교의 생활을 간단히 정리하면 아래와 같다.[9]

---

7) 일제강점기 화교가 운영하는 이발소는 보통 일본인과 조선인 노동자가 주요 고객이었으며 꾸준히 발전하는 추세였다(中華民國朝鮮總領事館編(1930), 『朝鮮華僑槪況』, p.16).

8) 釜山商業會議所編(1921), 『釜山要覽』, p.207(한동수 · 박철만(2011), 「부산 淸國租界地의 필지구조와 특성에 관한 연구」, 『중국학보』 제64집, p.271 재인용).

9) 일제강점기 조선에서 화교들의 개괄적인 직업별 현황에 대해서는 小田內通

(2) 화상

1) 포목점

1910년대 일본 방직공업의 발달로 값싼 일본산 면포가 조선에 대량 수입됨에 따라 화교상인이 독점해오던 영국산 면포의 경쟁력이 급격히 떨어졌다. 이런 위기에서 화상을 구해준 것은 다름 아닌 중국산 삼베와 비단이었다. 중국산 옷감은 조선인 사이에서 대단한 인기가 있었고, 이 옷감을 취급하는 화상과 조선인과도 친숙해져 한때 비단장사 왕서방이라는 별칭까지 나왔다. 하지만 비단은 매우 비싸서 일반인들은 살 수 없었고, 보통 사람들에게 친숙한 옷감은 삼베였다. 화상이 뛰어난 이유는 자본이 풍부하고 계약을 중시했기 때문인데, 상점들은 보통 합자형태로 2~3명 혹은 4~5명이 투자해서 운영하였다.

중국산 옷감은 대형 포목상이 대량 수입해 국내 화교가 운영하는 소규모 상점이나 조선인·일본인 가게에 팔았다. 직물만 전문적으로 파는 가게도 있었지만 대부분의 화교 상점은 잡화

敏의 『朝鮮に於ける支那人の經濟的勢力』(東洋硏究會出版, 1925년)을 참고할 수 있다.

제2장 식민지도시 부산의 시나마치와 화교들

를 함께 팔았으며, 비교적 수입이 높았던 직종이었다. 이 사실
은 납세액을 통해 알 수 있다.

당시(1923년 기준) 납세액이 가장 많은 부산화교를 세금별로
분류해보면, 첫째, 시가지세납세자(市街地稅納稅者)는 납세자 15
명 가운데 초량동의 화상인상회(華商人商會)가 26원 74전으로
가장 많고, 납세총액은 186원 78전이었다. 둘째, 가옥세납세자
(家屋稅納稅者)는 납세자 10명 가운데 초량동의 이태창(怡泰昌)이
15원 52전으로 가장 많고, 납세총액은 66원 15전이었다. 셋째,
호별세납세자(戶別稅納稅者)는 납세자 18명 가운데 초량동의 두
수신(杜樹新)이 47원 74전으로 가장 많고, 납세총액은 217원 7
전이었다. 넷째, 영업세납세자(營業稅納稅者)는 납세자 38명 가
운데 초량동의 서태호(瑞泰號)와 덕취화(德聚和)가 60원으로 가
장 많고, 납세총액은 652원 37전이었다. 이런 화교들은 대부분
포목점을 운영하고 있었다.

위에서 알 수 있듯이 부산화교 가운데 대표적인 무역상은 서
태호(영업주 杜樹新), 덕취화(영업주 丁壽山), 동순흥(영업주 趙修美)
등이었다. 그 가운데 서태호의 두수신이 영업세와 호별세가 가
장 많은 것으로 보아 당시 가장 부유했던 부산화교로 보인다.
그런데 여기서 궁금한 사실은 서태호의 소유자가 광동인이냐
아니면 산동인이냐의 문제이다. 왜냐하면 서태호의 주인 두수
신이 광동인이라면 개항기 부산화교를 구성하던 남방 출신의

화교가 여전히 부산에 남아 상업에 종사했을 가능성을 보여주기 때문이다.[10] 아마도 산동출신 화교의 상점과 남방 출신 화교의 상점이 혼재되어 있었을 것이다.[11] 덕취화 역시 규모로 볼 때 부산을 대표하는 포목상이었다. 중국인 상점에 대해 다음과 같은 기사가 있다.

"부산에 있는 지나상점 가운데 대표적인 곳으로 직물류를 무역하는 서태호(瑞泰號)와 덕취화(德聚和) 및 직물잡화류 소매상인 동순흥(同順興) 태동상회(泰東商會) 동래성기(東萊盛記) 이태창(怡泰昌) 등이 있다. 이들은 초량동에 점포를 두고 상점을 열었으며 예로부터 부산에서 지나상인을 대표하는데, 누구든 개인영업에서 지나 본국이나 경성 인천의 동업자들의 후원을 받고 있었다. 이들 상점의 점원은 덕취화가 13명, 서태호가 8명 및 기타 5명~10명을 고용하고 있었

---

10) 한동수·박철만(2011)의 논문에 따르면, 『釜山要覽』에는 서태호가 산동인과 광동인에 모두 소속되어 있는 것으로 나타나므로 확인이 필요하다고 지적한다.

11) 1915년 "부산항에 재류하는 지나상(支那商) 제씨(諸氏)는 대부분 광동지방의 출신으로서" "세계대세에 미치는 일본의 실력을 깨닫고 평소 일본상인과 가장 밀접한 관계를 맺고" 있었다는 기록에 근거해 부산화상들 중에서 남방출신의 상인들이 생각보다 오랫동안 활동했을 가능성을 제기하는 주장이 있다(김승, 앞의 발표문, p.827 인용).

고, 급여는 월 5원에서 20원이었다."[12]

이처럼 직물이나 잡화를 파는 상점은 모두 초량동에 점포를 두고 본점과 지점의 관계를 형성하여 중국이나 서울, 인천 등의 화상들과 거래를 했지만 그중에 경남지역에 지점을 둔 경우는 드물었다고 한다. 단지 이태창(怡泰昌)이 통영지점을, 원형리(元亨利)가 포항과 김포지점을 각각 두고 있었다. 특히 이들의 수출입 무역관행과 관련해서는 다음과 같은 기록이 남아 있어 주목할 만하다.

"해당지역(부산)에 중국 상점이 취급하는 대중국무역품은 수출품과 수입품의 취급자가 완전히 다르고, 양자를 동시에 취급하는 경우는 전무한 상태이다. 즉 수출품은 상해 또는 천진에 본점을 가졌거나 나가사키에 점포를 경영하는 중국 상인에 의해 행해지고 있다. 나가사키 상점에서 거의 해마다 해당지역으로 파견된 자에 의해 구입하는 것이 대부분을 점하였다. 이런 상인들은 해당지역에서 스스로 점포를 경영하는 경우는 없다. 모두 해당지역의 주요 해산물상에게 위탁하는 양상이다. 또한 이러한 상점 외에 나가사키·고베

---

12) 朝鮮總督府庶務部調査科(1924), 앞의 자료집, pp.144-145.

부산화교의 역사

혹은 상해·천진 등에서 그 계절에 해당지역으로 출장을 가서 구입하는 경우도 있다. 수입품의 경우에는 위의 양상과 달리 오로지 해당지역 거류 중국 상인에 의해 거래하게 한다."[13]

앞뒤 기사를 연결시키면, 대중수출입품의 경우 이른바 한중일 간의 무역네트워크가 작동하고 있고, 수입품의 경우는 주로 직물과 잡화 및 일부 농산물로 부산화상이 중국이나 서울 인천의 화상과 거래하는 것으로 유추해볼 수 있다. 대체로 직물은 조선인이 주요 고객이며, 잡화와 식료품은 일본인이 주요 고객이었다. 화상에 의한 수출품은 대부분 해삼과 같은 해산물이었다.[14] 당시 조선인들은 해삼을 잘 먹지 않았으므로 화상들은 이를 값싸게 구입해 중국의 요릿집에 팔았다.[15] 1920년대 부산화교는 거의 대부분 초량동과 중앙동 일대에 집중되어 있었는데, 자신이 소유한 가옥에 거주하는 사람보다는 일본인 소유 가옥에 거주하는 경우가 많았다고 한다.[16]

---

13) 위의 자료집, pp.143-144.

14) 박은경(1981), 「한국 화교 사회의 역사」, 『진단학보』 제52집, p.108.

15) 손덕준 구술, 송승석 채록(2010), 『인주골 중국동네 사람들-인천화교 손덕준의 가족이야기』, 한국학술정보, p.29.

16) 구지영(2011), 「동아시아 해항도시의 이문화 공간 형성과 변용」, 『石堂論

제2장 식민지도시 부산의 시나마치와 화교들

1923년의 보고에 따르면, 화교상점은 포목점이 활발하여 도처에 있었는데 관세가 높아짐에 따라 중국산이 감소하고 일본상품이 대체하는 경향이 나타났지만 여전히 화교상점이 우위를 유지하고 있었다.[17] 하지만 1930년대부터 화교의 상업이 쇠퇴했는데, 가장 중요한 원인으로는 화교경제를 지지하던 무역업의 쇠퇴 때문이었다. 화교상인의 수입무역은 1926년 한 해 최대 수입액 약 9,200만 엔을 기록하였다. 그 후 중국으로부터의 수입액이 감소하여 1930년대 들어와서는 감소추세가 뚜렷해졌고, 1939년에는 약 1,000만 엔으로 줄어들었다. 조선총독부가 중국산 비단을 사치품으로 분류해 이에 대한 고율관세를 부과한 것이 결정적인 원인이었다고 한다. 견직물은 화상의 주요 수입품이었는데 100%의 관세가 붙자 급격히 수입이 감소했고, 거꾸로 일본견직물의 증가가 나타났다.[18] 가격이 비교적 저렴했던 삼베의 경우도 상황은 마찬가지였다.

한편 조선이 중국에서 수입한 상품 가운데 직물 말고 주목할 만한 상품은 소금(식염)이었다. 조선은 식염이 항상 부족하여

叢』 제50호, p.613.

17) 中華民國朝鮮總領事館編(1930), 앞의 자료집, p.16.

18) 王恩美(2008), 『東アジア現代史のなかめ韓國華僑-冷戰體制と'祖國'意識』, 三元社, p.74.

중국으로부터 수입하였는데, 조선총독부가 이를 엄격히 관리하였다.[19] 1923년을 전후한 어떤 기록에는 "부산은 소금과 삼베를 중국에서 수입하고 있다"라고 쓰여 있다.

2) 음식점

부산의 시나마치, 즉 청관(淸館)거리에 자리 잡은 화교들은 주로 산동성과 하북성 사람들로 서로 연줄을 찾아 들어왔다. 그들은 청관거리뿐만 아니라 창선동, 부평동, 동광동, 영도 등 각 지역으로 퍼져나가 주로 중국식당을 열었다. 부산 전체에서 (고급)요리점과 (일반)음식점 업종에는 화교 23가구(1923년 기준)가 종사했는데, 요리점으로는 서정(西町)의 인화루(仁和樓), 초량(草梁)의 영기호(永記號) 동승루(東昇樓) 중화원(中華園), 녹정(綠町)의 의성관(義盛館) 등이 대표적이다. 과세표준액에 따르면 인화루와 영기호가 각 3천 원, 동승루가 2천 5백 원, 중화원과 의성관이 1천 8백 원 등이어서 인화루와 영기호가 부산에서 가장 큰 중화요리점이란 사실을 알 수 있다. 이런 요리점은 초기에는 주로 중국인과 조선인이 손님이었으나, 점차 일본인 고객이 증

---

19)　中華民國朝鮮總領事館編(1930), 앞의 자료집, pp.38-39.

가하였다.[20]

　그리고 과세표준액이 1천 원에서 1천 5백 원인 것이 일반음식점이다. 중국음식점은 가격이 비교적 저렴하여 중국인과 조선인 노동자 손님이 많았다. 특히 중국호떡(만두)점도 11가구나 있었는데, 과세표준액은 1천 원 내외였으며 중국인과 조선인이 주요 고객이었다.[21] 혹자는 부산화교 음식점의 특징 가운데 하나는 유난히 산동식 만두집이 많은 데 있다고 지적한다. 고향에서 즐겨 먹던 만두가 입소문을 타면서 초량을 중심으로 만두집이 많이 생겨났다는 것이다.[22] 인천에서 중국인 노동자를 대상으로 자장면이 널리 팔리면서 중국요리의 대명사가 된 것과 대조를 이룬다.

　1930년대에 들어와 화교경제가 불황에 직면하자 음식업으로 전환하는 사람이 늘어났다. 그러나 음식업도 중일전쟁과 태평양전쟁이 연이어 일어나 조선총독부가 식량배급정책을 실시하면서 원료가 부족해지자 위기에 직면하였다.[23] 부산에서 이런

---

20)　朝鮮總督府庶務部調査科(1924), 앞의 자료집, pp.145-146.

21)　중국 호떡은 조선인뿐만 아니라 중국인 노동자들의 한 끼 식사 대용으로 적당하였다. 부산에 들어오는 쿠리(苦力)들과도 관련이 있을 것이다(김승 (2013), 앞의 발표문, p.825).

22)　KBS 부산재발견 제작팀 지음(2012), 앞의 책, pp.77-86.

23)　주부산영사관의 보고에 따르면, 화교 만두점에 대한 소맥분이 3~4포대로

부산화교의 역사

중화요리점의 성쇠를 잘 보여주는 에피소드가 전해진다. 의학 박사였던 최용해(崔鏞海)는 1920년 초량에다가 당시 부산에서 가장 큰 서구식 건물을 지어 백제병원(百濟病院)을 개업하였다. 그러나 경영이 어려워지자 1932년 문을 닫은 후 중국인 양모민(楊牟民)에게 건물을 팔았다. 그는 이 건물에 봉래각(蓬萊閣)이라는 고급 중화요리점을 열었다. 이 봉래각은 부산에서 가장 큰 중화요리점으로 조선기생뿐만 아니라 중국기생까지 불러 매일 호화연회가 벌어졌다.

"청관거리는 온통 붉은 색의 홍등이 내걸린 이색적인 거리였다. 괜찮은 먹이며 벼루 같은 문방구류는 청관거리에서 대부분 구해다 썼다. 청관거리에서 빼놓을 수 없는 볼거리가 봉래각이다. 5층 벽돌건물인데, 부산에 이만큼 높은 건물이 없었기에 구경하러 온 인파도 만만찮다고 했다. 지금이야 기생과 한량들로 북적거리는 중화요리집으로 변했지만, 한때 이곳은 부산서도 이름난 종합병원이었다. 독일 일본 의료진까지 초빙하고 병상 수도 40개가 넘었는데, 원장이었던 최용해가 행려병자의 사체로 해골표본을 만들어 보관하다 항간의 비난을 못 견뎌 야반도주했다는 풍문

____

줄자 화교생계가 위기에 직면했다고 한다(王恩美(2008), 앞의 책, p.78).

제2장 식민지도시 부산의 시나마치와 화교들

이 나돌았다. 영주정에 있던 기생조합인 봉래권번의 기생들
도 봉래각 단골이었다. 말이 나왔으니 봉래권번이 요즘 들
어 잘나간다고 했다. 현재 조합원 수가 70명을 웃돈다고 했
다."[24)

그러나 이런 전성기를 마지막으로 중일전쟁이 태평양전쟁으
로 확대될 무렵 봉래각 주인 부부는 별다른 이유도 없이 경찰
에 끌려가 구류를 당하는 등 이런저런 압력과 위협이 계속되었
다. 결국 1942년 봉래각은 스스로 문을 닫고 주인은 중국으로
돌아갔다.[25) 그 후 이 건물은 일본군 부대 장교들의 숙소로 사
용되다 해방을 맞이하였다.

화교들은 단결력이 강해 요리에 쓰이는 모든 재료를 화상이
나 화농에게 공동으로 사들였다. 하지만 이런 화교사회의 폐쇄
성은 조선인과의 갈등을 불러와 엉뚱한 마찰을 빚기도 했는데,
한 에피소드를 소개하면 다음과 같다.

중국식당에서 사용하는 식용소다(麵鹹)는 눈으로 볼 때 식용
으로 쓸 수 없는 양잿물(洋鹹)과 비슷해 일부 조선인들은 중국

---

24) 김은영 외 8명(2010), 「09. 부산의 근대를 걷다」, 『신문화지리지』, p.79.
25) 최해군(2000), 『부산사탐구』, 부산을 가꾸는 모임 · 도서출판 지평,
    pp.184-185.

인들이 요리에 양잿물을 넣는 것으로 오해하였다. 이에 어떤 사람이 사법당국에 면 요리 중에 인체에 해로운 양잿물을 넣는다고 고발하자 중국식당은 소송에 휘말렸다. 이 사건이 발생한 곳이 바로 부산이었다. 당시 부산화교 요식업회 지부장인 차지평(車志平)은 법정에 출두해 음식을 만들 때 절대 양잿물을 사용하지 않는다고 부인하면서 요리 중에 사용하는 식용소다는 인체에 절대 해롭지 않다고 설명했으나 검사는 이 말을 믿지 않았다. 차지평은 상황이 불리하게 돌아간다고 느끼자 법정의 증거물로 있던 (조선인이 양잿물이라고 생각했던) 식용소다를 한입 넣고 삼켜 결백을 입증하려 했다. 검사나 방청석에 있던 조선인들은 크게 놀랐다. 결국 모든 혐의는 벗겨졌지만 이 사건은 화교 사회에서 오래도록 전해졌다.[26]

덧붙이자면, 화교의 제조업이 활발하게 전개된 때는 상업과 마찬가지로 1920년대였다. 화교 공업의 특징은 양말공장과 주물공장이 전체 공장의 6할을 차지한다는 점이다. 더욱 흥미로운 사실은 주물공장의 기술자와 경영자 대부분이 하북성 교하현(交河縣) 출신이라는 점이다. 교하현은 옛날부터 주물공업이

---

26) 진유광 저·이용재 역(2012),『중국인 디아스포라-한국화교 이야기』, 한국학술정보, pp.128-129. 이 사건이 일어난 정확한 시기는 불분명한데, 어쩌면 해방 이후의 사건일 수도 있다.

번창한 곳으로, 하북성 출신의 조선화교는 거의 주물업에 종사
했다고 보아도 무리가 없다. 일제강점기 부산에도 쌍성철공창
(雙盛鐵工廠)이 있었다고 한다.[27]

(3) 화공

기존 상인중심의 화교사회는 1920~30년대에 농민과 노동자의
진출이 크게 늘어나면서 양적 성장과 함께 질적 변화도 맞이하
였다. 화교 중에는 도시 근교의 채소농업에 종사하는 농민 숫
자도 늘어났지만 무엇보다 중국인 노동자, 즉 화공의 진출이
뚜렷하였다. 이 시기 인구 증가폭은 교역의 증가폭을 훨씬 능
가하는데, 주로 조선에 유입된 중국인들은 노동자들이었다.[28]
그런데 화공은 대부분 정주하기보다는 계절에 따라 이동했으
므로 호구 통계에 잘 잡히지 않는다. 화공을 화교의 범주에 넣
는 것에 이견도 있지만, 일제강점기 적지 않은 화교는 화공의
신분으로 식민지 조선경제에 깊이 개입하였다.

---

27) 해방 이후에는 주물공장으로 쌍화흥(雙和興)이 유명했다(양필승 · 이정희
     (2004), 『차이나타운 없는 나라』, 삼성경제연구소, pp.80-81).
28) 강진아(2011), 『동순태호-동아시아 화교 자본과 근대 조선』, 경북대학교
     출판부, p.41.

부산화교의 역사

1910년에 11,818명이던 화교인구는 1930년에 67,794명으로 크게 증가했는데, 이 시기 유입된 화교들은 주로 화공으로 대부분 출가형 노동자였다. 조선에 계속 거주하는 화공은 전체의 13%에 불과했고, 나머지 87%는 봄에 조선으로 건너왔다가 겨울에 돌아가는 계절 노동자였다고 한다. 따라서 이들 출가형 노동자의 수를 정확히 파악하기란 매우 힘들다. 1927년 현재 화공이 7만 명에 달했다는 비공식 통계도 남아 있다. 특히 중국 산동지역의 경제 불안은 대량이민을 촉발시켜 이민자가 급증하면서 조선화교의 대부분을 차지하였다.[29] 1931년의 통계에 따르면 산동출신이 조선화교의 약 82%를 차지했으며, 1944년에는 약 90%를 점하였다. 그렇다면 부산의 경우는 어떨까?

부산화교협회에 보관되어 있는 신분증 83개를 분석한 한 연구에 따르면, 부산화교의 입국연대는 1920년대와 1940년대에 가장 높게 나타난다. 1920년대에는 상인과 노동자의 신분으로 이주해 온 사람이 많았는데, 아마도 군벌정치에 따른 정치적 혼

---

29) 1920년대에 이르러 한반도로 산동 노동 이민의 이주가 급증하면서부터 산동인이 주류를 이루는 양상으로 나타났다. 이 같은 상황은 그 뒤 꾸준히 이어져 한국 화교 사회만의 특성으로 자리 잡았다. 이 시기 산동 노동 이민의 한반도 이주는 오늘날 화교 사회의 기반으로 작용했다(이옥련(2008), 『인천 화교 사회의 형성과 전개』, 인천문화재단, p.152).

제2장 식민지도시 부산의 시나마치와 화교들

란과 경제적 위기를 피해 새로운 삶의 출로를 찾아 한반도로 건너왔을 것이다. 그리고 1940년대에는 국공내전을 피해 산동 지역 중국인들이 한반도로 대량 이주하면서 부산화교의 구성에도 큰 변화가 있었다.[30] 이와 달리 (뒤에서도 언급하듯이) 1930년대에는 만보산사건이나 중일전쟁이 발발해 화교의 귀국으로 인구가 급감했는데, 이것은 중국 내 요인보다는 동아시아 내부의 급격한 변동에 따른 것이다.

문제는 중국인 노동자들의 대량 유입이 조선인의 일자리를 빼앗아갔다는 사실이다. 그래서 1920년대 초반부터 화공문제는 조선인 노동자의 노동운동과 얽혀 나타났다.[31] 특히 1920년대 중반부터 화공의 급증 현상은 조선의 노동시장을 어지럽게 만들었을 뿐만 아니라, 조선인 노동자와의 갈등관계를 조성하기에 이르렀다. 식민지 시대 말기까지 노동쟁의가 발생하는 어느 곳이나 거의 예외 없이 화공문제가 나타났다. 부산의 사례를 통해서도 이런 사실을 확인할 수 있다.

원래 부산의 노동자는 모두 조선인이었다. 1919년 11월 하순 부산우선(釜山郵船)에 고용되어 거룻배 일에 종사하던 조선

---

30) 안미정(2011), 「부산 화교의 이주를 통해 본 '전쟁'과 가족」, p.595.

31) 북한지역의 새로운 공업지대에서 화공과 조선인이 경쟁했는데, 이때의 화공은 본격적인 이민이 아니라 계절적 이동현상이어서 갈등은 제한적이었다 (양필승(2000), 「한국 화교의 어제, 오늘 및 내일」, 『국제인권법』 3, p.149).

인 노동자들이 임금인상을 요구하며 동맹파업을 하자, 회사에서는 긴급하게 함경북도 갑산동산(甲山銅山)에서 일하다가 해고당한 중국인 노동자 30명을 고용하였다. 이것이 화공이 부산에 처음 진출한 사건으로 알려져 있다. 다음 해인 1920년 부산항 매축공사가 대대적으로 이루어졌는데, 이 공사는 상당히 어려운 공사로 토석을 채취하고 운반하는 등 인내력과 체력이 있어야 가능한 일들이 많았다. 토목부 출장소는 화공이 참을성이 강하다는 말을 듣고 시험 삼아 토석 채취 운반에 필요한 인력으로 중국인 노동자 약 50여 명을 고용하였다. 그 결과 조선인보다 화공의 일 효율성이 더욱 높은 것으로 나타나자 이들을 계속 고용하였다.[32] 1922년 부산항 2부두 매립공사 때에도 산동성에서 노동자 수백 명이 부산에 들어와 갑작스레 중국인 수가 증가하였다.[33] 그들 가운데 피로와 질병 등으로 죽는 사람이 생겨나자 지금의 초량동 16번지 주변 저수지 동남쪽에 중국인 묘지가 생겨났다.[34] 1923년 말의 통계에 따르면, 부산 거주 화

---

32) 朝鮮總督府庶務部調査科(1924), 앞의 자료집, p.146.

33) 군산에서도 1926년 군산항 축항공사에 화교 노동자가 몰려와 조선인 노동자와 갈등을 빚은 유사사례가 있다(김태웅(2010), 「일제하 군산부 화교의 존재형태와 활동상황」, 『지방사와 지방문화』 13권 2호, p.425).

34) 김태만(2009), 『내 안의 타자(他者): 부산 차이니스 디아스포라』, 부산발전연구원 부산학연구센터, p.61.

제2장 식민지도시 부산의 시나마치와 화교들

공은 61명이었으며, 그 밖에도 잡역부 2명, 인력거부 1명이 파악된다.[35] 하지만 이 수치에는 앞서 언급한 계절성 이동 노동자는 포함되지 않았다.

중국인 노동자는 조선인 노동자에 비해 임금이 그리 낮지는 않았지만 노동효율이 높았다는 것으로 보아 단신출가라 노동통제가 쉬웠기 때문으로 보인다.[36] 그런데 화공은 오래전부터 상업이나 농업에 종사하며 조선에 정착해 있던 화교들과는 구분되는 사람들이었다. 기존 화교들은 화공의 대부분이 계절노동 형태의 미숙련노동자로 지역공동체의 발전에 도움이 되지 못했기 때문에 화교사회의 일원으로 인정하지 않는 경우가 보통이었다. 그럼에도 불구하고 빈손으로 조선에 들어와 성공적으로 기반을 잡은 일부 화공들도 있었다. 그들이 일반적으로 정착하는 경로는 노동→채소농업·채소상이 되어 화농이 되거나, 노동→호떡집→만두집→요리점 순으로 나아가 화상이 되는 것이었다. 물론 이와 같이 성공하기 위해서는 중국인 특유의 절약정신이 기반이 되었음은 물

---

35) 부산이 포함된 경상남도의 1922년과 1926년 중국인 노동자는 각각 414명과 600명이라는 통계가 있다. 이런 숫자는 다른 도에 비해 그리 많은 것은 아니었다(『동아일보』 1926년 10월 29일자 참고).

36) 小田內通敏(1925), 앞의 자료집, p.53; 中華民國朝鮮總領事館編(1930), 앞의 자료집, pp.28-29 표 참고.

부산화교의 역사

론이다.

(4) 화농

1920년대 화교사회에선 농업이 중요한 직업으로 부상하였다. 전국에 화상과 화공이 늘어나자 중국인들에게 채소를 제공할 목적으로 자연히 그들이 많이 사는 인천 근교와 서울의 영등포 일대에서 채소재배가 시작되었다. 전하는 바에 따르면, 1887년경 산동성 출신의 선원인 왕(王) 씨와 강(姜) 씨가 연대(煙臺)에서 채소 씨앗을 가지고 들어와 경기도 부천군 다주면에 옮겨 심은 것이 조선에서 화교가 중국채소를 재배한 기원이라고 한다.[37] 화교농업은 도시근교의 야채재배가 중심인데, 도시의 화교식당에 야채를 공급하는 상업적 성격을 함께 띠고 있었다. 초기에는 화교만을 위해 재배했으나 독특한 농경방식과 뛰어난 판매기술로 조선인과 일본인에게도 판매하면서 급성장하였다. 1923년 통계에 따르면 화농은 전체 화교의 12.4%에 이르렀다. 화교 채소재배농의 활동이 활발했던 곳은 인천 주변이었는데,

---

37) 朝鮮總督府庶務部調查科(1924), 앞의 자료집, p.109; 華僑誌編纂委員會
    (1958),『華僑誌』, 海天, p.70.

그들은 배추, 파, 오이, 부추, 중국미나리, 시금치 등을 주로 재배하였다.[38] 얼마 후 화농은 조선의 야채시장을 거의 독점하다시피 했다.

(전 부산화교협회 총용자 회장의 회고에 따르면) "중국인들은 옛날부터 잘한 게 뭐냐면 채소를 잘 심었어요. 우리 한국에 배추라는 것이 있죠? 이것이 중국의 '바이차이(白菜)'에서 온 거예요. 중국에서 들여온 겁니다. 그 당시 일제시대에는 일본사람들이 청계천에서 중국 사람들에게 '채소를 심어라, 채소를 심어라' 하고 일본 자기들은 쌀장사를 합니다. 한국 사람들은 장사를 못 하게 되어 있어요. 중국 사람들은 채소 장사가 많았어요. 그 당시 화교들을 보면 인천에서 채소 농사하는 사람들 많습니다. 사람들이 흔히 화교들을 비단장사 한다고 하는데 그런 사람들은 부자들이고 대부분은 농사짓는 사람들이었습니다. 농사짓는 사람들인데 채소 씨앗은 다 중국에서 가져오고, 한국에서 심고, 채소 기르는 법도 가르쳐주고, 여러 가지 씨앗을 가져와서 여기에 심었어요. 채소 농사는 주로 화교들이 했는데, 사실은 살기가 힘

---

38) 박은경, 「한국 화교 사회의 역사」, p.114.

부산화교의 역사

들었어요."[39]

농촌에 거주하는 화교는 거의 화농으로 볼 수 있다. 화농의 경우 1910년에 1,500여 명에 불과했으나, 1923년에는 4,500여 명에 다다랐으며, 1920년대 후반 무렵에는 적어도 12,000여 명 이상으로 급증하는 추세를 보인다.[40] 부산의 경우 채소업에 종사하던 화농 호수는 1923년 현재 18호로 인구는 32명이었는데, 전부 산동인이었다. 그들은 대부분 자신의 점포를 가지지 못했으며 주로 도시 근교에 거주하며 일본인이나 조선인 소유의 토지를 소작하면서 야채를 재배하였다. 야채를 재배하고 판매하는 특유의 영농방식은 다른 지역의 화농과 별로 다르지 않았다.[41] 그런데 중일전쟁 발발 후 부산지역의 화농이 모두 귀국하자, 현지에서 필요로 하는 채소는 대부분 일본 내지로부터 공급받아야 했다. 일본 내지의 채소생산에 한계가 있고 운송에 제한을 받자 시장에서 공급불균형 현상이 나타났다. 이 문제를 극복하기 위한 에피소드가 전해진다.

---

39) 김태만(2009), 앞의 책, p.155 재인용.
40) 中華民國朝鮮總領事館編(1930), 앞의 자료집, p.17. 진유광의 책에는 야채를 재배하는 가구가 1911년에 1,500여 가구에서 1922년에 5,322 가구로 늘었다고 기록한다.
41) 朝鮮總督府庶務部調査科(1924), 앞의 자료집, p.146.

제2장 식민지도시 부산의 시나마치와 화교들

1942년 당시 신의주에서 재직한 바 있던 부산경찰서 서장은 신의주의 화농이 채소를 재배하는 기술이 뛰어나다는 사실을 알고 있었다. 이에 신의주 영사관에 연락해 현지의 화농을 선발한 후 부산에 파견해 채소밭을 가꿀 수 있도록 요청하였다. 화농 몇 사람이 그해 6월 20일 부산에 도착해 토지를 개간하면서 우선 배추를 재배하였다. 그러나 8월 17일 화농이 부산영사관에 보고하기를 이곳에서 채소를 심을 경우 재배기간이 신의주보다 십수 일 길고 해충이 너무 많다고 하였다. 그 후 몇 차례의 시험을 했으나 모두 실패하였다. 하지만 부산경찰서는 포기하지 않고 적당한 출자자를 찾아 화농을 고용하도록 했다. 개인당 매월 생활비로 50원을 지급하고, 채소를 시장에 판매할 때에는 이익을 반으로 나누기로 했다.[42] 이 사건은 조선에서의 화농, 특히 채소농의 중요성을 잘 보여준 일화였다.

화교들은 화상이든 화공이든 화농이든 직업을 불문하고 강한 체력과 근면한 태도는 물론 뛰어난 자치적 조합제도를 가지고 있었다. 그들은 무엇보다 주거, 음식, 피복에 대해 금욕적이라 할 만큼 절약하는 생활이 습관화되어 있어 높은 경쟁력을

---

42) 楊韻平(2007), 『汪政權與朝鮮華僑(1940~1945)-東亞秩序之一研究』, 稻鄉
    出版社, p.174.

가졌다.[43] 부산의 경우도 1920년대부터 화교사회는 산동 출신
의 소상인 중심으로 안정화가 이루어졌는데, 수적으로 음식업
(요리점, 음식점, 만두집, 호떡집 등)이 가장 많았다. 이 시기 화공과
화농의 증가현상은 다른 도시와 별반 다르지 않았다.

43)　小田內通敏(1925), 앞의 자료집, pp.59-65.

2. 폭동과 전쟁 속의 부산화교

(1) 만보산사건

1920년대 중반부터 화교를 경멸하는 의식이 크게 확산되기 시작했는데, 특히 조선인 노동자들은 중국인 노동자의 급격한 유입에 따라 저임금에 시달리자, 화공을 자신의 일자리를 빼앗는 존재로 인식하면서 잦은 충돌이 일어났다. 1927년에 인천, 서울, 전라도 등 남부지역을 중심으로 화교배척폭동이 발생한 것이 한 사례이다. 혹자는 이런 폭동이 서구인, 일본인, 조선인, 중국인 순으로 민족서열을 정한 일본의 민족분열책에 기인한다고 본다. 예를 들어, 김동인의 대표작 「감자」(1925)에 나오는 왕서방처럼 화교에 대한 이미지는 한마디로 '비위생적이고, 탐욕스럽고, 호색적이고, 아편에 찌든 야만인'으로 각인되었다.[44]

---

44) 이옥련(2008), 앞의 책, pp.187-188.

이즈음 조선 최대의 화상으로 1922년 조선에서 최고 납세자였던 화교 담걸생(譚傑生)이 1929년에 생애를 마감하였다. 그의 죽음은 우연하게도 화교 경제의 내리막을 상징하는 사건이 되었다.[45]

당시 조선총독부는 조선에 있던 중국영사관을 엄격히 관리 통제하고 있었다. 최근 한 연구는 부산영사관의 사례를 통해 이를 설명하고 있다.[46] 요약하자면, 부산주재 중국영사인 장도남(蔣道南)이 1930년 4월 8일자로 이임하여 북보르네오 영사로 파견되고 부영사 채성장(蔡成章)이 영사대리로 취임한 일이 있었다. 그런데 놀랍게도 조선총독부 외사과는 경상남도 경찰국장을 통해 이미 석 달 전부터 장도남의 전임 사실을 알고 있었다. 일본경찰은 부산거주 화교들이 장도남과 사이가 좋지 않아 부산화상공회 부회장 등을 통해 여러 차례 남경 외교부에 장도남의 경질을 요청한 정보를 수집하고 있었던 것이다. 뿐만 아니라 신임 주부산 대리영사인 채성장의 일거수일투족을 감시했으며, 장도남의 출국과정에 대해서도 자세히 알고 있었다. 그 후의 사

---

45) 강진아의 연구 『동순태호-동아시아 화교 자본과 근대 조선』(경북대학교 출판부, 2011년)은 한국의 대표적인 화교기업 동순태호에 대한 본격적인 연구서이다.

46) 강진아(2012), 「만주사변 전후 재한화교 문제의 양상」, 『동양사학연구』 제 120집, pp.265-267.

제2장 식민지도시 부산의 시나마치와 화교들

정도 마찬가지였다. 이것은 일제가 조선화교의 움직임을 예의 주시하고 있었음을 잘 보여준다.

1931년 만보산(萬寶山)사건이 발생하면서 화교사회에 큰 변화가 일어났다. 이 사건은 만주에 있는 만보산 지역에서 조선농민과 중국인들 간에 발생한 사소한 충돌사건이었다. 그러나 일제가 사건을 확대 조작해 조선의 여러 신문에 과장 보도했다. 이에 따라 국내에서도 화교를 배척하는 폭동이 일어나 다수의 화교들이 인적, 물적 손해를 입었다. 만보산사건으로 인한 한반도의 화교배척운동은 일주일 사이에 엄청난 인명 및 재산 피해를 일으켜 전례 없는 인구 유출 현상을 초래했으며 재한 화교 역사에서 지워지지 않을 한 페이지를 장식했다. 이 시기 피해가 큰 지역은 인천, 서울, 평양 등이었는데, 그중에서 평양이 매우 심각한 것으로 나타났다.[47] 1931년의 배화폭동은 근현대 한중관계사에서 가장 부끄러운 사건의 하나이자, 한국화교사에서 가장 충격적인 사건의 하나로 기록되었다.

경상남도 지역에도 부산을 비롯해 울산과 마산에서 배화운동이 있었다. 부산에서는 그해 7월 8일 오후 9시쯤 폭동이 일어나 2명이 중상을 입었고 14,791원(혹은 30만 원)의 손실을 입었으며, 부산영사관에서는 160명의 화교를 보호 수용했다고 전한

---

47) 楊昭全·孫玉梅(1991), 앞의 책, p.247.

부산화교의 역사

다.[48] 그리고 부산영사는 마산경찰청에 마산 거주 중국인을 보호해줄 것을 요청했다.[49] 부산경남지역의 경우 전국에서 중국인 노동자 수가 적은 곳이어서 상대적으로 조선인과의 갈등이 적었다. 그래서인지 평양, 원산, 신의주, 인천, 서울, 진남포 등에서 일어난 폭동에 비해서는 경미한 수준으로 별다른 피해를 입지 않았다. 하지만 화교를 배척하는 분위기 때문에 적지 않은 중국인들이 모국으로 돌아갔다. 조선에서 화교에 대한 부정적인 감정이 비극적인 양상으로 폭발한 것은 국내에서 조선인과 화교 사이에 조선 일본 중국 간 정치적 관계가 반영되었기 때문이다. 일본은 중국 대륙을 침략하기 위해 끊임없이 구실을 찾았고 조선인을 내세워 중국과 조선 사이를 이간질했다. 중국인의 입장에서 보면 이미 국권을 상실한 조선인은 일본의 앞잡이로 보였다.[50]

만보산사건을 피해 중국으로 돌아간 화교는 3만 명이 훨씬 넘었을 것으로 추정된다. 1930년 말 6만 7,794명이던 화교 인구가 1931년 말에 3만 6,778명으로 감소하였다.[51] 화교배척운동

---

48) 손승회(2009), 「1931년 식민지조선의 배화폭동과 화교」, 『중국근대사연구』 제41집, p.155; 楊昭全 · 孫玉梅(1991), 앞의 책, pp.247-248.
49) 이옥련(2008), 앞의 책, p.201.
50) 박경태(2008), 『소수자와 한국사회』, 후마니타스, p.152.
51) 양필승 · 이정희(2004), 앞의 책, pp.49-50.

제2장 식민지도시 부산의 시나마치와 화교들

으로 총 3만 1,016명이 유출된 것으로 기록되었는데, 무려 전해 화교 인구의 45.8%에 다다른다.[52] 잘 알려져 있듯이 만보산사건 직후 일본은 만주사변을 일으켜 만주국을 수립하였다.

<표7> 1931년 경상남도 조선화교 출신지(籍貫) 상황표[53]

호구 / 출신지	호수	인구수		
		남	여	계
산동(山東)	251	763	97	860
요녕(遼寧)	13	37	7	44
하북(河北)	15	53	10	63
하남(河南)	1	1		1
호북(湖北)	2	2	2	4
산서(山西)	1	5		5
강소(江蘇)	1	1	1	2
절강(浙江)	2	7	1	8
복건(福建)	1	12	5	17
합계	287	882	122	1,004

위의 표에서 나타나듯이 우선 부산을 비롯한 경남지역 화교는 다른 곳과 마찬가지로 산동인들이 주류를 이루었다는 사실

---

52) 이옥련(2008), 앞의 책, p.203.

53) 『外交部公報』 3卷10期, 1931年 2月(楊昭全 · 孫玉梅(1991), 앞의 책, p.167 재인용).

을 잘 보여준다. 그런데 만보산사건 후인 1933년도의 통계에 따르면 경상남도에는 232호구에 남자 701명, 여자 124명, 모두 825명으로, 화교배척운동으로 위험을 피해 중국으로 귀국하면서 급속히 인구가 감소했다가 일부 회복된 상황을 보여준다.[54] 좀 더 구체적으로 1933년 부산지역 화교거주현황을 살펴보면, 부산부는 56호에 남자 155명, 여자 31명, 합계 186명이며, 주변 도시인 마산부는 9호에 남자 30명, 여자 3명, 합계 33명이었다.[55] 그 후 1935년 화교에 대한 입경인구세제가 실시되어 통제가 강화되면서 인구감소 못지않게 대중국 무역이 침체기에 들어갔다. 곧이어 중일전쟁이 발발하자 특히 화공의 수가 급감하였다.

(2) 중일전쟁

조선이 식민지 치하에 있던 시기 중국대륙에서는 여러 차례 정권이 바뀌었다. 군벌정부였던 이른바 북경정부는 장개석의 북벌이 개시되기 전인 1926년까지 유지되었다. 그 후 북벌이 완료

---

54) 위의 책, p.258 도표 참고.
55) 위의 책, p.264.

제2장 식민지도시 부산의 시나마치와 화교들

되어 새롭게 성립한 남경국민정부시기(1927~1937)에는 각국에 대사관과 영사관이 만들어졌다. 서울의 대사관은 물론 부산의 영사관 등은 일제의 철저한 감시 아래 있었다. 1933년 2월 서울에 국민당 조선지부가 설립되었으며, 1934년 기준으로 조선 내 국민당원은 2,011명으로 크게 증가하였다.[56] 그런데 1937년 7월 중일전쟁이 일어나자 일본은 조선 내 국민당원에 대한 탄압과 검거를 전개해 사실상 조직을 해체시켰다. 중국인들은 곧바로 적성국민이 되어버렸는데, 화교배척운동에 의한 충격에서 겨우 벗어난 재한 화교들에게 또다시 큰 타격이 아닐 수 없었다. 이 해에도 대폭적인 인구 유출이 일어나고 있었다. 아마도 적성국 국민이란 신분 때문에 일본의 탄압을 우려해 많은 화교들이 귀국한 것으로 보인다.[57] 비록 1~2년 후 적지 않은 화교가 조선으로 돌아왔지만, 중일전쟁 기간 동안 화교들의 중국무역이 단절되면서 사실상 화교경제는 몰락하였다. 게다가 입국증명 관련법률이 공포되어 전쟁 이전 중국으로 갔던 화교는 재입국이 어려워졌다.[58]

---

56) 조선에서 국민당원의 수는 1912년 1명을 시작으로 중화민국 초기인 1913년에는 23명이 입당하였디. 그 후 거의 변화가 없다가 북벌이 완료된 1927년에는 503명이 무더기로 입당하였다(王恩美(2008), 앞의 책, p.89).

57) 이옥련(2008), 앞의 책, p.211.

58) 안미정(2011), 「부산 화교의 가족 분산과 국적의 함의」, 『역사와 경계』 제

중일전쟁 기간(1937~1945) 동안 해외 각지의 화교들은 본의 아니게 북경임시정부(1937~1940)나 남경에 만들어진 왕정위(汪精衛) 정부(1940~1945)를 지지해야 하는 입장에 처하였다. 1937년 12월 14일 북경에서 설립된 중화민국임시정부(즉 북경임시정부)는 국내 화교에 여러 모로 영향을 미쳤다. 북경임시정부가 통치하던 산동성과 화북성은 조선화교의 출신지였기 때문에 화교와 밀접한 관련이 있었다. 이런 배경 아래 북경임시정부는 수립 직후 중경국민정부의 서울총영사였던 친일파 범한생(範漢生)을 북경임시정부로 전향시켰다. 조선화교사회는 범한생 총영사의 권고와 조선총독부의 협박에 의해 잇따라 중경국민정부에서 북경임시정부로 전향하였다.[59] 부산의 진조간(陳祖偘) 영사를 비롯해 몇 몇 영사들은 반대했으나 소용이 없었다. 장개석 정부를 지지하던 외교관들이 본국으로 귀국하면서 1938년 1월 말 조선의 화교단체들은 대체로 북경임시정부를 지지하는 쪽으로 기울었다.[60] 부산을 비롯한 한국화교들이 짧은 시간 내에 새로운 정권을 지지한 이유는 화교 대부분이 산동 출신이기

78호, p.8.

59) 이정희(2007), 「중일전쟁과 조선화교」, 『중국근현대사연구』 제35집, pp.109-110.

60) 安井三吉(2005), 『帝國日本と華僑-日本, 臺灣, 朝鮮』, 靑木書店, pp.80-93, p.251.

제2장 식민지도시 부산의 시나마치와 화교들

때문인지도 모른다.[61]

특히 1940년 3월 30일 남경에서 수립된 왕정위 정권을 일본이 중국을 대표하는 공식정부로 인정하면서 조선의 화교는 왕정위 정권에 편입되었다. 왕정위 정부는 서울에는 '주경성총영사관'을, 인천에는 '주인천판사처'를 설치했는데, 부산의 경우 청국과 중화민국 시절과 같은 '주부산영사관'이란 명칭을 그대로 사용하였다.[62] 왕정위 정부의 부산영사관은 경상남도, 경상북도, 전라남도, 전라북도를 관할했고, 영사는 호연극(胡延極)으로 1933년 9월 7일에 부임하였다.[63] 그 밖에 국민정부를 이어받아 신의주, 진남포, 원산 등에 영사관이 설치되었다.[64]

왕정위 정부의 영사관은 화교의 지지를 받으며 적극적으로 화교를 보호하였다. 예를 들어, 1942년 3월 청진에서 100여 명의 화교가 '특수혐의'로 일본경찰에 체포되는 대형사건이 발생

---

61) 김승(2013), 앞의 발표문, p.829.

62) 왕정위 정부시대 조선의 총영사관이나 영사관은 주일본대사관의 하부조직에 속했는데, 부산영사관의 명단은 楊韻平(2007), 『汪政權與朝鮮華僑(1940~1945)-東亞秩序之一研究』, pp.74-75 도표를 참고할 수 있다. 조선화교는 대만과 일본화교와 함께 친일활동의 정도가 심했을 것으로 추측되지만, 조선화교의 친일활동에 대한 실증적인 연구는 적었다. 그런 의미에서 대만연구자 양음평의 왕정위 정부와 조선화교와의 관계를 연구한 것은 높이 평가할 만하다(이정희(2005), 앞의 논문, p.108).

63) 위의 책, p.57.

64) 王恩美(2008), 앞의 책, p.87.

부산화교의 역사

하였다. 중국상회는 주경성총영사관에 사건을 보고하고 총영
사가 청진에 가서 교섭할 것을 희망하였다. 이 요청을 받은 왕
정위 정부의 주경성총영사는 5월에 청진에 갔는데, 이미 30여
명의 화교가 구속되어 있었다. 경찰은 미석방자들이 팔로군과
연락이 있는 자들이라고 총영사에게 알렸으며, 총영사는 신속
한 조사를 촉구하는 동시에 혐의가 가벼운 자는 중화상회의 보
증으로 석방할 것을 제안하였다. 그 후 이 사건은 원만하게 해
결되었다.[65] 부산영사관의 경우도 전시의 특수한 상황 아래 화
교의 등록문제, 화교의 배급이나 직업문제, 화교의 체포문제 등
을 다룬 기록[66]이나 가난한 교민을 구제한 보고 등이 남아 있
다. 한 사례로 1944년 3월 신의주화교 곽만김(郭萬金)이 부산영
사관이 관할하던 마산형무소에서 10년을 복형하고 출옥하자
형무소 간수가 부산영사관으로 압송하여 귀국여행허가문제를
처리하고, 마산갱생회와 영사관이 각각 50원씩 찬조해 열차표
를 끊어 귀국을 도운 경우가 있었다.[67]

친일정권인 북경임시정부와 왕정위 정부가 들어서 영사관을
개설하자 화교는 적성국민의 색채가 다소 완화되었다. 하지만

---

65) 위의 책, p.90.
66) 楊韻平(2007), 앞의 책, p.85.
67) 위의 책, pp.211-212.

제2장 식민지도시 부산의 시나마치와 화교들

경찰당국은 화교의 90%가 산동출신이기에 간첩활동에 종사할 가능성이 있다고 보아 감시를 엄격히 하였다. 정치범, 경제범, 간첩범의 죄목으로 체포한 화교가 1937년 15명, 1938년 8명, 1939년 9명, 1941년 4명, 1942년 70명, 1943년 49명, 1944년 6명 등이었다.[68] 중일전쟁 시기 일본 경찰관이 무고한 화교를 체포하여 고문으로 간첩죄를 강제로 자백하도록 해 옥고를 치른 화교가 많았다는 기록에 따른다면, 검거자 수를 그대로 첩보사건 관련자로 받아들이기에는 무리가 있다.[69] 물론 조선화교 가운데 항일운동에 참가한 사람도 있었겠지만, 대다수는 생존을 위해 중화민국임시정부나 왕정위 정권을 지지하는 모습으로 생존을 도모하였다.

부산화교 가운데 생존을 위해 친일활동을 한 대표인물로는 앞서 언급한 바 있는 중화요리집인 봉래각의 주인 양모민을 들 수 있다. 그는 봉래각뿐만 아니라 현재 초량차이나타운 뒤쪽 언덕일대 900여 평의 원소유자였다. 양모민은 1938년 북경에 성립한 친일정권을 지지하는 제1회 조선영사회의에 호응하여 서울에 모였던 각 지역 중화상회 대표의 일원으로 참가하여 간사를 맡았다. 그리고 1940년 도쿄에서 개최된 전일본화교대회

---

68) 王恩美(2008), 앞의 책, pp.89-90.
69) 이정희(2007), 앞의 논문, p.126.

부산화교의 역사

에서 조선지역을 대표하는 임원 중 한 사람이었다. 그가 영향력
을 행사하던 부산의 중화상회는 왕정위 정권이 세워지자 부산
영사관과 공동으로 신정권의 출범을 축하하며 부산영사관 마
당에서 축하행사를 개최하였다. 그리고 행사 당일 저녁에는 봉
래각에서 축하연회를 열기도 했다. 이런 친일활동에도 불구하
고 태평양전쟁이 발발하자 일제에 의해 봉래각을 거의 반강제
적으로 빼앗기기에 이르렀다.[70]

덧붙이자면, 화교들의 높은 교육열은 널리 알려져 있다. 조선
화교가 만든 신식학교가 처음 건립된 것은 1902년으로 인천화
교학교가 그 출발이다. 일제강점기가 시작되던 1910년에 한성
화교학교가 건립되었고, 1912년에 부산화교학교가 건립되었다.
1910년대 조선화교학교는 이 세 곳으로 학생 전체인원은 100명
을 넘지 않았다. 부산의 화교소학교는 부산화상회(釜山華商會)
가 중심이 되어 만들어졌는데, 훗날 남경국민정부의 교무위원
회(僑務委員會)에서 매월 경비 40원을 지원받기도 하였다. 중일
전쟁이 한창이던 1942년 기준 부산화교소학교의 학생 수는 24
명이었으며,[71] 1944년 5월 현재 역시 학생 24명, 교원 2명으로

---

70) 김승(2013), 앞의 발표문, pp.829-830.

71) 楊昭全·孫玉梅(1991), 『朝鮮華僑史』, 中國華僑出版公司, p.209, p.286,
    p.292.

제2장 식민지도시 부산의 시나마치와 화교들

큰 규모는 아니었다.[72] 중일전쟁이나 태평양전쟁 중에는 경제적 어려움으로 인해 졸업 후 대부분 진학을 포기하고 취업전선에 뛰어들었다.

1941년 12월 중일전쟁이 태평양전쟁으로 확대되면서 부산화교들은 영사관의 요구에 따라 친일활동에 나섰다. 예를 들어, 부산화상들은 1944년 1월 8일 일본이 비행기를 구매하는 것을 돕기 위한 헌금운동을 벌여 중국인의 참여를 독려하고, 부산영사관의 지도를 요청하였다. 결국 화상들은 모두 4,500원을 모아, 그 가운데 3,000원은 일본이 비행기를 구매하는 데 헌금하고 1,500원은 왕정위 정권에 헌금하였다.[73] 전국적으로 벌어진 헌금운동은 각지의 영사관이 주도하였다. 그럼에도 불구하고 화교에 대한 일제의 의구심과 적대감은 사라지지 않았다.

1944년 태평양전쟁 막바지에 부산에서 일제가 중국인을 박해한 평화루(平和樓)사건이 대표적인 사례이다. 평화루사건의 개요는 다음과 같다.

---

72) 이정희(2007), 「중일전쟁과 조선화교-조선의 화교소학교를 중심으로」, 『중국근현내사연구』 제35집, p.112.

73) 楊韻平(2007), 앞의 책, p.177. 부산영사관은 조선화교들에게 왕정위 정권에 대한 헌금을 요구했으나 일본에서의 현지 헌금보다 그리 쉽지 않았다(楊韻平(2007), 앞의 책, p.193).

부평동에 '평화루'라고 하는 중국요리집이 있었는데, 마작을 좋아하는 중국사람 몇 명이 다나카 조선소가 불나는 날 밤 평화루에 모여 마작 판을 벌였다. 마작 판이 끝나자 영도에 사는 왕 씨라는 자가 자기 집에 돌아가다가 영도다리를 봉쇄하고 검문검색을 하던 부산 헌병대 헌병에게 간첩으로 몰려 붙잡히게 되고 '이흥원'이라는 중국음식점 아들 방 씨와 남천동에서 당면 공장을 내고 있던 서 씨 또한 잡혀 들어갔다. 고문에 못이긴 서 씨는 헌병대 고문 현장에서 즉사해버렸고, 다른 이들도 짧게는 1~6개월에서 길게는 1년 동안 부산 헌병대 안에 갇혀 고문을 당하다가 1945년 8·15광복으로 겨우 풀려나왔다. 그러나 그중에서 방 씨는 팔다리를 쓰지 못하고 있다가 풀려난 지 1년도 채 안 돼서 죽고 말았다.[74)

태평양전쟁 말기에 부산에서 중국으로 돌아가지 못한 중국인은 소수에 불과했다고 한다.[75) 위의 기사처럼 1943년 겨울 영

---

74) 부산광역시 중구 홈페이지 참고(김태만(2009), 앞의 책, pp.63-64 재인용).

75) 1943년 부산의 화교인구가 275명이라든가, 1944년에 848명이라든가 하는 불완전한 통계가 남아 있다. 전쟁 말기 30~40명 정도에 불과했다는 어떤 기록은 지나치게 적다.

제2장 식민지도시 부산의 시나마치와 화교들

도에 있던 군수공장 다나카 조선소에서 원인 모를 불이 나자 부산상회 부회장 최선덕(崔善德)을 비롯해 약 20명은 간첩혐의를 뒤집어썼다. 일본 헌병대에 붙들려서 방화범으로 몰려 죽은 사람이 2~3명이나 되고 나머지 사람들도 모진 고문을 당하였다.[76] 평화루사건은 일본인들이 화교를 여전히 적성국 국민으로 인식한 탓으로 발생한 사건이었다. 이 시기 부산의 화교경제는 빈사 상태에 빠졌는데, 일부 화교만이 남아 전쟁이 끝나기를 간절히 기다렸다. 그들은 해방 후에도 모국에서는 국공내전이, 한국에서는 한국전쟁이라는 또 다른 시련이 다가오는 줄 전혀 알지 못하였다.

---

76) 최해군(2000), 『부산사탐구』, 부산을 가꾸는 모임 · 도서출판 지평, p184.

해방 후 부산의
청관清館거리와 화교들

1. 해방 직후 청관거리의 재건

해방 후 한국화교의 역사는 동아시아의 정세변화와 더불어 커
다란 전환기를 맞이하였다.[1] 1945년 무렵 남한에는 1만 2천여
명의 화교가 살고 있었다. 일제강점기 적성국 국민으로 감시와
억압을 받았던 화교들은 일본의 패전 후 갑작스레 전승국 국민
으로 입장이 바뀌었다. 미군은 우방국인 중화민국 국민의 일원
인 화교에 대해 매우 우호적이었다. 남한에 남아 있던 일본인을

---

1) 華僑志編纂委員會가 편찬한 『韓國華僑志』(海天, 1958), 邵毓麟대사가 회고
한 『使韓回憶錄-近代中韓關係史話』(傳記文學出版社, 1980), 秦裕光이 쓴
『旅韓六十年見聞錄-韓國華僑史話』(中華民國韓國硏究學會, 1983) 등에 부
산화교에 대한 일부 자료가 있다. 특히 왕은미의 저서 『東アジア現代史のな
かめ韓國華僑-冷戰體制と'祖國'意識』(三元社, 2008)과 논문 「미군정기의
한국화교사회: 미군정·중화민국정부·한국인과의 관계를 중심으로」(『현대
중국연구』 제7집 1호, 2005), 「한반도 화교들의 한국전쟁」(『역사비평』 91,
2010) 등은 냉전체제 아래 화교의 조국의식과 한국전쟁에서 화교의 아이덴
티티 형성과정을 꼼꼼히 다루고 있다.

전원 본국으로 강제 송환시켰지만, 화교에 대해서는 본인이 희
망할 경우에만 다양한 편의를 제공하며 귀환시켰다.[2] 당시 남
한화교는 스스로를 '일등국민'이라 불렀다고 하는데, 이것은 미
군정청과 친중정치가의 우호적인 화교인식에 기반한 것이었다.
그들은 몰수대상인 적산의 처리과정에서도 큰 이익을 얻었다.
그런데 중국대륙에서 국민당과 공산당 간 내란이 격화되자 귀
국하는 화교는 1946년까지 1,500여 명에 불과하였다.

　해방 직후 화교의 경제력이 신장한 것은 이민 초기와 마찬가
지로 대외무역을 통해서였다. 일본의 패전 후 대일본무역이 상
대적으로 퇴조한 것과 대조적으로 한중무역은 급부상하였다.
이 시기는 수요가 공급을 초과하는 만성적인 공급부족 경제였
기 때문에 외국에서 필요 물자를 공급만 하면 큰돈을 벌 수 있
던 시대였다. 화교상인은 이런 절호의 기회를 놓치지 않았다.[3]
화상은 일제강점기에 형성되어 있던 무역망을 이용해서 중국
및 마카오, 홍콩무역으로 일어섰다. 당시 중국은 실질적으로 남

---

2)　왕정위 정권의 주조선영사관 직원들은 미군의 소환요청에 따라 영사관의 재
　　산과 문서 등을 미군이 잠시 보관하는 것으로 하고, 1946년 11월 27일 직
　　원 11명과 가족 21명 등 총 32명이 부산에서 중국으로 송환되었다(왕은미
　　(2005), 「미군정기의 한국화교사회: 미군정·중화민국정부·한국인과의 관
　　계를 중심으로」, 『현대중국연구』 제7집 1호, p.95).
3)　양필승·이정희(2004), 『차이나타운 없는 나라』, 삼성경제연구소, p.56, p.59.

한의 거의 유일한 무역 상대국으로, 1946년 중국은 한국의 수출에서 82%, 수입에서 84%를 차지하였다. 1947년에는 미국과의 무역증가로 중국무역의 비중이 수출에서는 53%, 수입에서는 45%로 줄어들었지만, 여전히 전체 무역의 절반 정도를 차지하였다.[4] 주요 수입품은 식품과 원료였다. 화교경제는 식민지시기 경제와 비슷하게 무역회사를 중심으로 음식점과 잡화상을 날개로 비상하는 형상을 하고 있었다.[5] 1948년 말 한국화교의 직업현황을 보면 음식업이 4,632명(27.31%), 잡화업이 3,148명(18.56%), 농업이 1,938명(11.43%) 순으로 나타난다.[6]

특히 해방 후 3년간은 한국화교에게 천재일우의 기회였는데 이 기회를 이용해 "화교는 다시 그들의 경제기초를 세웠으며, 재한 화교역사상 전에 없었던 경제세력을 형성"하였다.[7] 당시 한국인들은 "8·15 이후 3년간 화교상점의 격증은 그 속도가 과거 70년 이상을 초월한다."라고 놀라워했다.[8] 그리고 해방

---

4) 박경태(2008), 『소수자와 한국사회』, 후마니타스, pp.155~156.

5) 양필승·이정희(2004), 앞의 책, p.65.

6) 王恩美(2008), 『東アジア現代史のなかの韓國華僑-冷戰體制と'祖國'意識』, 三元社, p.121 표.

7) 『조선은행 1949년 경제연감』(華僑志編纂委員會(1958), 『韓國華僑志』, 海天, pp.76-77 인용).

8) 위의 책, p.82.

제3장 해방 후 부산의 청관거리와 화교들

후 외환이 부족했던 한국사회에서 화교가 대량의 달러를 소유하고 있었던 것도 전후 화교의 경제지위가 높아지는 데 중요한 요인이었다.

화교경제의 급속한 발전은 1948년 8월 남한에 대한민국 신정부가 서고 민족자본 우대정책을 펴면서 견제를 받기 시작했다. 한국정부가 외국인 출입규제 정책을 실시하여 외국인의 입국을 허용하지 않자 화교의 한국 이동은 더 이상 불가능해졌다. 무역정책의 방향이 미군정기의 대중화권 무역에서 일본무역으로 전환하면서 화교 무역상의 활동이 활발하던 홍콩, 마카오 무역은 상대적으로 쇠퇴의 길을 걸었다.[9] 무엇보다 1949년 10월 중국대륙에 중화인민공화국이 수립된 사건은 한국 화교경제의 몰락을 알리는 전주곡이었다.

강대국에 의한 인위적 남북분단으로 화교도 한국인과 똑같은 처지에 놓이게 되었다. 즉, 미국·남한·중국국민당 정부가 한편이 되고, 소련·북한·중국공산당이 한편이 된 첨예한 이념 대립의 소용돌이 속에서 남한화교는 어느 한쪽을 선택받도록 강요받았던 것이다. 1946년 12월 북조선화교연합회가 결성되자, 1947년 2월 장개석의 국민당 정부는 서울에 총영사관을 설치하고 여선화교자치연합총회를 설립하였다. 이전부터 있던 중

---

9) 양필승·이정희(2004), 앞의 책, pp.70-71.

화상회 요식업공회, 이·미용공회, 농업공회와 같은 화교조직들이 재편되기 시작했다. 중화민국 총영사는 남한을 47개 지역의 자치구로 행정 조직화하였다. 이 자치구 조직은 중국사회의 전통적인 행정조직을 한국 화교사회에 그대로 적용시킨 것이다. 1948년 부산에 결성된 '부산화교자치구'(초대회장 마억록)는 그 전신이 화교상회였는데, 일종의 치외법권 지역으로 자체 경찰권도 가지고 있었다.[10]

화교경제가 활성화되면서 부산의 청관거리도 낡은 건물을 허물고 새로운 건물을 증축하기 시작했다. 청관거리에는 중국 음식점이 10여 곳으로 늘어났고 중국요리 재료상, 중국 약방, 중국 문방구점 등이 즐비하게 늘어섰다. 일제강점기 숨 막히던 상황과는 대조적인 풍경이었다. 하지만 이런 부흥도 잠시, 부산화교들 대부분이 국민당정부의 영사관을 통해 중화민국 국적을 취득하면서 대중무역의 통로가 막혔다. 게다가 대륙의 중화인민공화국이 반공을 내세운 한국과 적대국이 되면서 큰 타격을 받았다.[11]

---

10) 1961년 5·16 군사쿠데타 이후 '부산화교자치구'는 다시 '부산화교협회'라는 민간단체로 바뀌고, 초대회장에 劉昌明이 선출되었다.

11) 1952년 통계에 따르면, 중국대륙과의 무역이 전체 수입에서 2%, 수출에서는 0.2%로 급감했는데, 한국의 화교무역이 얼마나 갑작스레 쇠퇴했는가를 알 수 있다(박경태(2008), 앞의 책, p.156).

제3장 해방 후 부산의 청관거리와 화교들

국공내전 당시 적지 않은 중국인이 전란을 피해 한국으로 잠시 피난 왔다가 국교단절로 귀국하지 못했다. 부산화교들의 회고 가운데 1945~1947년 사이에 건너왔다가 6·25사변으로 돌아가지 못한 사람들이 현재 화교의 다수라는 얘기에 주목할 필요가 있다. 해방 전인 1942년 전국의 화교인구는 82,661명인데, 부산화교는 230명으로 전체의 0.2%에 불과하였다. 그런데 해방 후인 1948년 무렵 부산의 화교는 총95호, 493명으로 인구가 두 배가량 증가했다.[12] 대한제국 시기부터 식민지 시대를 거치면서 인적구성이 한 차례 바뀌었던 부산에서 해방 직후 또 한 번 인적구성이 바뀐 것이다. 그리고 그들을 중심으로 청관거리의 재건이 이루어졌다.

---

12)   부산직할시사편찬위원회(1991), 『釜山市史』(제3권), 대원인쇄문화사, p.1364.

〈표8〉 해방 이후 부산의 화교인구수[13]

연도	전국	부산	구성비
1942년	82,661명	230명	0.2%
1948년	17,430명	493명	2.8%
1952년	17,925명	4,182명	23.3%
1954년	22,090명	5,032명	22.8%
1956년	22,090명	4,019명	18%
1957년	22,734명	3,879명	17%
1958년	–	3,632명	–
1962년	23,575명	3,705명	15.7%
1967년	–	3,593명	–

김태만과 안미정의 연구에 실린 부산화교 인터뷰 자료[14] 가운데 조상이나 본인이 한국에 정착하는 과정을 알 수 있는 10

---

13) 華僑志編纂委員會(1958)의 책과 안미정(2011)의 논문 등에 나타난 통계자료로 표를 만들었음. 그 후 1972년의 부산화교 인구는 3,578명이며, 1982년의 인구는 3,074명으로 약간 감소하였다(박은경(1986), 『한국 화교의 종족성』, 한국연구원, p.216).

14) 김태만,(2009) 앞의 책 〈부록2 부산화교 인터뷰〉, pp.130-225; 안미정(2011), 「부산 화교의 가족 분산과 국적의 함의」, 『역사와 경계』 제78호, pp.17-23; 「부산 화교의 이주를 통해 본 '전쟁'과 가족」, 『石堂論叢』 제50호, pp.598-605 등에 실린 인터뷰 자료에 기초해 분석함.

제3장 해방 후 부산의 청관거리와 화교들

명의 경우를 분류해보면, 대부분 산동지역 출신으로 일제강점기에 조부모나 부모가 이미 한국에 들어와 정착한 경우가 7명, 국공내전 시기 부모가 한국에 들어와 정착한 경우가 3명으로, 비록 부산은 아니더라도 일제강점기부터 한국과 인연을 맺은 중국인이 다수이지만 국공내전 시기에 적지 않은 중국인이 한국으로 건너온 사실을 확인할 수 있다. 예를 들어, L씨는 "주변 친척들은 국공내전이 한창인 1945~1947년 사이에 건너와 정착했다"고 회고했고, Y씨는 중국이 공산화되면서 "군부대 오야붕이 한국으로 가자해서", "공산당이 싫어서" 한국으로 나왔다고 기억한다.

그리고 부모나 본인이 부산에 정착하는 과정을 분류해보면, 일제강점기부터 부산에 거주한 경우가 1명, 한국전쟁으로 부산에 정착한 경우가 9명으로 한국전쟁 후 피난을 내려왔다가 정착한 경우가 대부분임을 알 수 있다. 예를 들어, X씨는 "한국전쟁 당시 포로를 대상으로 통역을 하다 부대에서 도망쳐 부산으로 내려왔다"고 회고했고, C씨는 부모가 "한국전쟁 중에는 제주도로 피난 갔다가 전쟁이 끝나자 배를 타고 부산에 와서 초량동에 거주하면서" 자신을 낳았다고 한다. K씨의 남편은 "형님을 찾아간다고 온천장에 오자마자 얼마 안 되어 6·25가 터져" 그냥 정착했다고 기억한다.

대체로 부산화교의 경우 일제강점기부터 꾸준히 거주한 사

부산화교의 역사

람들이라기보다는 해방 이후 국공내전과 한국전쟁이라는 혼란
을 피해 부산으로 이주해 정착한 사람이 대다수라는 사실을 알
수 있다. 이것은 식민지 시대 부산에 거주하던 소수의 화교 대
신 새로운 이주민이 청관거리를 메우고 있음을 알 수 있다. 특
히 한국전쟁은 부산화교의 인적구성을 근본적으로 바꾸어놓은
사건이었다.

2. 한국전쟁과 화교피난민

(1) 전쟁 중의 부산화교

화교사회는 해방 직후 인구이동을 경험한 다음 한국전쟁 동안
또 한 차례 급격한 인구이동을 겪어야 했다. 그들은 한국전쟁
초기에 서울과 인천이 함락될 때에는 재산과 사업을 버릴 수 없
어 다수가 잔류하였다. 하지만 전쟁은 화교경제의 중심지인 인
천과 서울에 전화를 입혀 큰 피해를 보지 않을 수 없었다. 특히
인천상륙작전은 선린동 일대 화교무역상을 비롯한 차이나타운
에 큰 타격을 주었다.[15] 이른바 중화인민공화국의 군대(이하 편
의상 중공군)가 북한을 도와 한국전쟁에 참전하자 남한의 화교
들은 궁지에 몰렸다. 결국 1·4후퇴 때에는 다수의 화교가 부산
으로 피난을 내려왔다.

---

15) 양필승·이정희(2004), 앞의 책, p.69.

한국전쟁에 중공군이 참전하자 한국군과 미군은 통역의 필요에 따라 남한화교들을 동원하였다. 화교들이 중공군과 맞서 싸우는 상황이 발생한 것이다. 1951년 초 중화민국대사관의 협조로 중공군에 대한 심리전에 화교학교의 교원과 학생들이 동원되었다. 중공군 포로에 대한 통역에도 화교들이 짧은 기간의 훈련을 거친 후 동원되었다. 얼마 후 심리전 등에 참여한 중화민국 국적자는 100여 명으로 늘어났다.[16] 하지만 그들은 외국인이라는 이유로 계급과 군번이 부여되지 않았다. 중공군 포로 가운데 전향한 사람들은 '반공의사'라 불리며 대만 측의 '백일설복(百日說服)' 작업을 받았다. 그 이유는 반공포로들조차 다수가 중국대륙으로 갈 것을 원했기 때문이었다. 이에 한중 양국정부는 그들을 대만으로 가도록 유도했고, 중화민국대사관의 주재로 각지의 화교지도자들은 반공의사 환영회를 만들었다.[17]

화교들은 '중국수색대'와 같은 전투부대를 만들어 전쟁에 참전했고, 국민당의 지원 아래 Seoul Chinese부대(SC부대)와 같은 정보부대로 참전했다. SC부대는 1951년 3월 부산에서 정식 설립되었는데, 중공군에 대한 정보수집이 주요 목적으로 여기에

---

16) 왕은미(2010), 「한반도 화교들의 한국전쟁」, 『역사비평』 91, p.106.
17) 이재광(2004), 「한국화교의 역사와 문화 정체성」, 『중국학연구』 제30집,
    p.582.

제3장 해방 후 부산의 청관거리와 화교들

참여한 한국화교는 약 500여 명이었다. 그 가운데 약 200여 명은 전선부대로 파견되어 실전에 참여했고, 후방에서 활동한 화교는 약 300여 명이었다.[18] 이 부대에 참전해 희생된 화교는 100명이 넘는다고 전한다. 한국정부는 처음에는 화교의 전쟁공로를 인정하지 않다가 1970년대에 이르러서야 처음으로 화교의 한국전쟁 참전을 인정하였다. 하지만 개별적인 보상은 거의 이루어지지 않았다.

전쟁 막바지에 이르면서 한국화교의 반공입장은 분명해진다. 그 상징적인 사건이 부산에서 발생한 '정영생(丁永生) 체포사건'이다. 한국정부가 중화민국대사관에 보낸 사건보고서에 따르면, 정영생은 산동성 출신으로 연대에서 비누공장을 경영하였다. 1945년 그는 연대에서 중공 산하조직에 가입했지만 국민당군이 침공하자 1947년 8월 한국으로 피난 와서 잠복하였다. 정영생은 부산에서 잡화상, 밀가루장사 등을 했으며, 체포 당시에는 동래 온천장에서 한중식당이라는 중국음식점을 경영하였다. 그는 부산에 있는 연합군사사무소, 미군기지, 중화민국대사관 등 31곳의 중요 군사시설과 중요 기관의 위치 등 기밀정보를 중국공산당에 제공한 혐의로 감시받았다. 결국 1953년 1월 18일 정영생은 중국공산당 간첩혐의로 한국 내무부 치안국 정

보수사과 외사계에 검거되었다. 그런데 1월 20일 조사를 받던 그가 취조관을 구타하고 도주하는 사건이 발생하였다. 내무부 치안국은 중화민국대사관에 정영생 체포에 협조해줄 것을 요청하였다. 대사관 측은 부산화교사회에 협조를 당부했고, 결국 2월 16일 한 화교의 밀고로 정영생은 체포되었다.[19] 이 사건은 나름의 상징적인 의미를 가진다.

중화민국의 화교사회 통합정책이 국민의식 형성의 기초가 되었다. 분단 후 한국의 화교사회는 급속도로 중화민국 중심으로 편성되었다. 그 원인은 국민대회를 통한 한국화교의 국내정치 참여와 주한 총영사의 화교자치구 조직의 편성으로 화교사회를 조직적으로 통합해나갔기 때문이다. 무엇보다 한국전쟁을 경험하면서 남한화교는 고향에 대한 감정보다 국가에 대한 귀속의식이 더욱 강하게 형성되었다. 전쟁은 화교들에게 반공의식을 확립시켜 중화민국 정부와의 관계를 우선시하는 계기가 되었다. 그럼에도 불구하고 남한화교들은 중공군의 참전으로 남북통일이 되지 못했다는 한국인의 따가운 시선을 피할 수 없었다.

전쟁 중 부산에는 전국 각지에서 피난 온 다수의 화교로 인해 인구가 폭증하였다. 그 정확한 숫자는 알 수 없지만, 1948

---

19) 위의 논문, p.125의 각주77, 113.

제3장 해방 후 부산의 청관거리와 화교들

년도와 1952년도 지역별 화교인구가 남아 있어 대강을 짐작할 수 있다. 전쟁 전인 1948년 부산의 화교인구는 493명인 데 반해, 1952년 10월의 통계에 따르면 4,182명의 화교가 부산에 있었다. 단순 수치로는 열 배에 좀 못 미치는 3,600명 정도의 화교 피난민이 부산에 온 것이다. 대구에도 화교피난민이 적지 않았다.[20] 이곳은 1948년에 600명이던 화교가 1952년에는 1,300명으로 증가했지만 부산에 미치지는 못했다.

한국정부가 부산으로 이전하자 중화민국대사관도 대구를 떠나 부산으로 왔다. 중국대사 일행이 부산에 와서 제일 먼저 한 일은 대사관 사무실을 만드는 일이었다. 부산영사관은 중일전쟁 이전에는 남경정부 영사관이 있었고, 태평양전쟁 중에는 왕정위 정권의 영사관이 있었다. 전쟁 후에는 재정이 부족해 영사를 파견하지 못하고 영사관도 거의 폐허가 되어 있었다. 게다가 부산영사관은 각지에서 온 화교난민들이 넘쳐나 대사관 임시 사무실로 사용할 수 없었다.[21]

"봉래각(蓬萊閣)에 대해 말하자면 부산에서 정말로 이 집은 최고의 중화음식점이었는데, 서양식 건축물로 5층으로 지

---

20) 王恩美(2008), 앞의 책, p.156 도표.

21) 邵毓麟(1980), 『使韓回憶錄-近代中韓關係史話』, 傳記文學出版社, p.191.

었는데 도시 중심에서 위용을 자랑하였다. 이전에는 병원이었다는데, 내부는 매우 깨끗했고 미군당국과 한국정부가 모두 주목하여 몇 차례 징용하려 했다. 음식점의 사장은 매우 총명하여 재산을 보호하고 또한 애국하기 위해 대사관이 부산에 옮겨온다는 말을 듣자 곧바로 허참사(許參事)를 찾아와 음식점의 일부 방을 대사관에게 빌려줄 터이니 사무실로 사용할 것을 제안하였다. 바로 우리들이 구하려 했으나 못하던 중이라 이 제의에 동의하여 긴급한 문제가 해결되었다. 봉래각의 4층과 5층을 중화민국 주한대사관 부산임시판사처(釜山臨時辦事處)로 쓰고 1~3층은 음식점으로 정상 영업하였다. 별도로 대사관의 전용출입구와 계단을 만들어 혼잡을 피하였다… 가장 편리했던 점은 아래층이 음식점이라 우리들은 손님들이 오면 중국인이든 한국인이든 서양인이든 간에, 혹은 공무이든 개인 일이든 간에 때가 되면 그들과 음식을 먹으러 갔다… 중국특색의 '요리외교'로 유명하였다.”[22]

전쟁 중 부산에서는 화교피난민 대책을 강구하기 위해 전시자치구제도를 운영하였다. 전시상황에서 한국정부는 화교자치

---

22) 위의 책, p.192 인용.

구를 일종의 자치정부로 인정해주어 그 내부의 갈등이나 분쟁
을 자체적으로 조정하도록 했다. 화교자치구에서는 일부 화교
들이 합법적으로 총을 소지하고 관리했다. 자치구 내에서 가장
유명한 곳은 위의 회고에 언급된, 원래는 백제병원 자리였으나
당시에는 중화요리점이던 봉래각이었다. 이곳은 전쟁 때 중화
민국대사관으로 사용된 장소로 한때 청관거리 일대에 화교들
을 결집시키던 상징이었다.

(2) 피난촌 건설

화교피난민들은 외국인이므로 병역의무는 없었다. 하지만 부산
에는 아는 사람이 없어서 철저히 고립되었는데, 한국정부도 전
시 중이라 이들을 돌볼 수 없었다. 중국대사관은 화교피난민을
구제하는 동시에 이들을 대만으로 보내는 일에 주력하였다. 부
산에 있던 40여 일 동안 대사관의 주요 업무는 바로 구제사업
과 교민철수였다.[23] 전쟁 중 소육린(邵毓麟) 대사 다음으로 왕
동원(王東原) 대사가 부임한 후에 화교가 화교를 돕는다는 취지
아래 '중화민국려한전지재교구제위원회(中華民國旅韓戰地災僑救

---

23) 위의 책, pp.192-193.

濟委員會, 이하 재교구제위원회로 약칭)'가 새로 만들어졌다. 이 단체는 부산에 피난 온 화교의 거주문제를 해결하기 위해 피난촌을 건설하기 시작했다.

1950년 겨울 중공군이 참전해 한강을 다시 넘자 서울 인천 일대의 화교들은 남쪽으로 피난해 부산에 모였다. 부산 구영사관 내에만 무려 500여 명이나 거주하였다. 나무판대기나 두꺼운 종이 등으로 방을 만들어 겨우 지냈는데, 환경이 매우 열악하였다. 왕동원 대사는 1952년 말 구영사관을 정돈하여 후원에다 화교중학교를 건립하기로 결정했다. 이에 따라 별도의 촌락을 만들어 구영사관 내의 피난민을 이주시키기로 했다. 초량 청관거리 뒤편의 영주동에 화교상회 소유의 공동묘지가 있었는데,[24] 부산시의 규제를 받아서 묘지로 쓰지 못하고 있었다. 이

---

24) 총용자(부산화교협회 (전)회장)의 회고에 따르면, "충효촌이 어떻게 생겼냐면 옛날에 양목민(揚牧民)이라는 사람이 있어요. 양목민이라는 사람은 광동성 상인입니다. 광동에서 나무 싣고 상선 타고 오다가 표류됐어요. 바다에서 표류하다가 자기 선원들 몇 사람이 죽었어요. 죽어서 흘러 흘러오다가 빛이 보인다고. 그 빛을 따라서 온 곳이 바로 부산항입니다. 그 빛이 뭐냐면 바로 부산항에서 보면 영주동 불빛이라. 그래서 여기 내리는데, 자기 죽은 시체들이 있지 않습니까. 그때 충효촌 자리가 야산입니다. 그 자리가 빛이 나는 자리입니다. 무슨 빛인지는 모르겠지만 하여간 그 자리에 빛이 밝다고, 그래서 그 자리를 샀어요. 그때 당시 그 자리가 몇 푼 안 주고도 살 수 있었나 봐요. 사고 나서 그 자리를 묘지로 사용했어요. 자기 선원들을 그 자리에 매장해 묘지를 조성했었어요. 그때 당시 우리 화교협회 있었습니다. 자기들은 여

제3장 해방 후 부산의 청관거리와 화교들

곳은 한국 피난민이 나날이 늘어나 이미 묘지의 절반가량을 차
지하고 있었다. 중국대사관 측은 부산시의 도움을 얻어 묘지
공간 약 1,300여 평에 신촌을 건설하여 화교피난민들을 정착시
키기로 했다.[25] 한국정부와 중화민국대사관 임시판공처의 지원
아래 신촌은 1952년 7월에 공사를 시작해 10월에 완공했는데,
1,000여 세대의 화교피난민을 이주시키고 충효촌(忠孝村)이라고
명명하였다. 건설자재는 주한미군민정보도사령부(駐韓美軍民政
補導司令部)가 무상으로 제공했고, 건설비용은 중국대륙재포구
제총회(中國大陸災胞救濟總會)의 기부금과 재교구제위원회의 모
금으로 이루어졌다.[26]

"6·25사변이 터지자 서울 등 전국 곳곳에서 중화민국 대
사 직원들을 비롯해 화교학교 교장 선생과 학생들도 오
고 그 밖에도 수많은 화교들이 부산으로 피난 왔는데 기거
할 데가 있어야지요. 그러다 마침 이 자리(충효촌)에다가 미
군들이 실어온 나무 상자를 해체하고 난 나무판자를 얻어

기 사는 사람들이 아니기 때문에, 그 당시 중화상회 앞에 땅 문서를 맡겨놓
고 갔어요. 양목민이라는 사람이. 그 사람이 그 후 이 자리에 다시 오지 않았
습니다."라고 하였다(김태만(2009), 앞의 책, p.156 인용).
25) 華僑志編纂委員會(1958), 앞의 책, pp.140-142.
26) 王恩美(2008), 앞의 책, p.158.

가지고 와서 판자집을 지었어요. 처음에는 서울에서 온 대사관 직원들과 화교학교 공무원들과 교사들에게 방 한 간씩 줬어요. 또 화교 중에서도 집 없는 사람들에게 방 한 간씩 줬어요. 기거할 데 없는 사람들, 따지고 보면 난민촌이지. 나중에 6·25동란 끝나고 서울로 다시 올라간 후로는 빈집이 많이 생겼어요. 그때 당시 그 지역은 중국 국유지였고, 우리 화교들은 자치구 지위를 부여받고 있었기 때문에 자체적으로 자치구 관리를 했습니다. 당시는 집 없는 화교분들 많았었는데, 그때 당시 화교협회 자료를 보면 집이 없거나 경제력이 없거나 아니면 고아 등, 이런 사람들에게 자격을 부여해 집 한 칸씩을 제공했어요. 말이 집이지 사실 한 가구가 2평 정도 했을라나요. 조그마한 2평짜리를 무상으로 줬어요."(충효촌의 유래-총용자 선생 인터뷰)[27]

전쟁 후에 재교구제위원회는 다시 충효촌 외에도 황령산 방면에 거주하던 화교피난민들을 위해 거제리에 있던 한국인 소유 1,500여 평의 토지를 50년 장기임차 형식으로 빌려 인애촌(仁愛村)이라는 화교 집단거주지를 마련하였다. 이 신촌은 원산에서 거제도로 이주한 화교들이 부산에 오자 그들을 위해 건설

---

27) 김태만(2009), 앞의 책, p.156 인용.

제3장 해방 후 부산의 청관거리와 화교들

한 촌이라고 알려져 있다.[28] 당시 거제도 난민 150여 명은 몇 년간 한국사회와 재교구제위원회의 도움으로 어렵게 생활을 유지하다가 지원이 끊기자 생계위기에 직면했다. 인애촌을 처음 만들 때 산지라 땅이 고르지 않아 한국군 군부대의 도움을 받아 평탄작업을 했으며, 여러 부산화교들의 도움을 받았다. 1955년 12월에 시공해 1956년 5월에 완공했는데 충효촌 이후 일대 건축 사업이었다.[29]

"대충 이야기하자면 6·25동란 할 때 거제도 포로 있죠? 중국 포로들이 많았는데 흔히 말하는 반공포로라고. 그때 당시 반공포로들도 대한민국에 있으면 나라를 따로 했지만 그 당시 대한민국 정부에서도 포로들에 대해서 배려가 크게 없었어요. 그분들은 반대로 우리 중화민국 정부가 신경 써주셔야 되니까 일부는 대만으로 가신 분들도 있고, 화교로 정착하신 분들도 있습니다… 한 날은 포로들이 동란을 일으켜 튀어 나와 창문을 열고 도망갔어요. 그 사람들을 잡아서 다시 인솔하려면 달라 빼고 흩어지고 골치 아픈 거라. 그래서 우리 화교 분들하고 정보부 사람들 몇몇이 그 사람들

<hr>

28) 王恩美(2008), 앞의 책, p.158.
29) 華僑志編纂委員會(1958), 앞의 책, pp.138-140.

을 인솔했어요. 우리 협회가 그때 인애촌이나 서면 신(의)촌
의 일부를 수용했어요. 그렇게 했답디다."(인애촌과 신의촌의
유래-총용자 선생 인터뷰)[30]

　그런데 위의 회고에 따른다면, 거제도 난민이란 다름 아닌 포
로수용소에 있었던 중공군 반공포로로 보인다. 이들이 부산화
교의 일부를 구성한다는 사실은 이채롭다. 그리고 인터뷰 끝에
언급하듯이 화교 소유였던 서면의 일부 지역을 중심으로 신의
촌(信義村)이라는 화교촌도 형성되었다. 이처럼 부산에는 모두
세 곳의 화교피난민 집단거주지가 존재하였다. 재교구제위원회
가 화교피난민들을 분산시킨 탓에 청관거리의 인구는 급증하
지 않았지만, 전쟁 중에 청관거리는 전국 화교의 중심지로 부
상하였다. 한편 피난민 자녀들의 교육문제가 불거져나오자 부
산화교중학교가 세워졌다. 전쟁으로 서울의 화교중학교가 부
산으로 철수하자 피난민 자녀를 위해 옛 영사관을 교사로 삼아
개교한 것이다. 1954년 하단에 새로운 교사를 건립했는데, 모두
5개 반 239명이었다.[31]

---

30)　김태만(2009), 앞의 책, p.157 인용.

31)　부산의 경우 화교소학교는 구한말 중화상회 시절부터 오랜 역사를 가지고
　　　있는데, 1·4후퇴로 서울의 화교학생들이 부산으로 피난오자 하단에 별도의
　　　소학교를 만들었다. 1955년에 화교유치원이 설립되었으며, 1960년에는 화

제3장 해방 후 부산의 청관거리와 화교들

　한국전쟁이 끝나자 중화민국대사관과 화교의 주요 단체들이 서울로 옮겨갔다. 하지만 생활기반을 잃은 화교를 중심으로 부산에 잔류하는 사람들도 적지 않았다. 이처럼 전쟁은 화교의 광범위한 이동을 초래했으며,[32] 그 가운데 부산화교사회는 전쟁과 냉전 속에서 가장 큰 변화를 겪었다.

교 고등학교 과정이 개설되었다. 화교중고등학교는 1950년 9월 1일을 개교 기념일로 잡아 2010년 9월 1일에 개교 60주년 행사를 가졌다.

32)　王恩美(2008), 앞의 책, p.158.

3. 텍사스촌의 형성과 청관거리의 성쇠

(1) 청관거리에서 텍사스거리로

한국전쟁으로 화교재산이 엄청난 피해를 입었지만 전쟁이 끝
난 1954년 이후부터 조금씩 회복되기 시작했다. 전쟁 발발부
터 1954년까지 피난지 부산의 화교인구가 전국에서 가장 많았
다. 1954년 화교인구는 1위가 부산으로 5,032명, 2위가 서울로
4,368명 그다음이 인천과 대구 순이다. 1956년 이후에야 서울
의 화교인구가 다시 수위를 차지하였다. 1956년 화교인구는 1
위가 서울로 4,935명, 2위가 부산으로 4,019명, 3위가 인천으로
3,154명, 4위가 대구로 2,063명 순이다. 다음 해인 1957년 순위
는 서울이 5,284명, 부산이 3,879명 순으로 약간의 변동이 있었
다.[33] 비록 부산화교의 수가 피난민이 자신의 근거지로 돌아간

---

33) 『화교경제연보』(1959), p.441(박은경(1986), 앞의 책, p.117 재인용).

까닭에 제법 줄었지만 그래도 적지 않은 피난민이 잔류한 사실을 알 수 있다.[34]

전쟁 직후인 1954년 부산화교의 직업별 인구분포를 살펴보면, 총인구 5,032명 가운데 음식 1,437명, 공업 188명, 잡화 62명, 농업 22명, 의약 19명, 무역 0명, 행상 207명, 교육 68명, 기타 2,875명 등이었다. 그리고 전쟁 후 몇 년이 지난 1957년 부산화교의 직업별 인구분포를 살펴보면 총인구 3,879명 가운데 음식 308명, 잡화 47명, 공장 11명, 농업 17명, 무역 42명, 의약 0명, 행상 418명, 교육 50명, 학생 815명, 기타 2,171명 등이었다.[35] 부정확한 통계이겠지만 적어도 인구의 감소와 더불어 중국음식점이 변함없이 주요 직업임을 알 수 있다. 1950년대 기준으로 음식업과 관련해 밀가루 공장으로는 동성(東盛), 동순덕(東順德)이 유명했으며, 간장공장으로는 원화장유(元和醬油)가 유명했다. 양조업으로는 복천조주공창(福泉造酒工廠)이 유명했으며, 기름제조업으로는 대흥유방(大興油坊)이 유명했다.[36] 이렇듯 음식업과 공장은 상호 밀접한 관련이 있었고, 농업 역시 중

---

34) 1954년 부산 5,032명(남: 15세 이상 1,935명, 15세 이하 811명/여: 15세 이상 1,459명, 15세 이하 827명) 서울 4,368명, 인천 3,098명(華僑志編纂委員會(1958), 앞의 책, p.53).

35) 위의 책, p.61.

36) 박은경(1986), 앞의 책, pp.138-139.

국음식점에 재료를 공급했을 것이다. 그리고 부산화교의 주철업으로는 동창(東昌)과 쌍합흥(雙合興)이 유명하였다.

　장세훈의 연구는 1950년대의 청관거리를 잘 묘사하고 있다. 정리하자면, 이 시기 부산은 국제시장을 중심으로 밀무역이 성행했고, 화교자본이 이에 연계되어 다른 도시에 비해 화교의 경제활동이 활발했다. 그러나 초량의 청관거리는 화교자본의 경제적 구심점이 되지 못했다. 왜냐하면 선박으로 유입된 물품이 통관을 거치는 세관이 중앙동에 있어서, 당시 대형 무역상회가 모두 중앙동에 자리 잡았기 때문이다. 이렇게 들어온 외래 상품은 국제시장 인근 부평시장에 입지한 화교 도매상에게 넘겨졌다. 물론 초량 중화가에도 무역상회나 일반상점들이 일부 들어서고, 십수 채의 중국음식점이 개점했다. 하지만 이들 상점 대다수는 화교 대상의 영세상점에 불과했고, 대형 중국음식점은 모두 도심지였던 중앙동에 자리 잡았다. 당시 부산 최대의 중국음식점으로 동아반점, 화곡반점 등을 꼽는데, 이들은 동광동, 중앙동 일대에 포진했다. 이는 청관거리가 경제의 중심지도 아닐뿐더러 주차장 도로 등의 도시기반시설이 미비했기 때문이다. 부유층 화교들은 청관거리 밖에서 주로 경제활동을 할 뿐만 아니라 주거지도 옮겨갔다. 그러나 저녁에 화교끼리 만나는 장소는 항상 청관거리였고, 각종 정보교류나 인적교류가 모두 초량에서 이루어졌다. 초량 중화가에서 각종 사업정보를 교류

제3장 해방 후 부산의 청관거리와 화교들

하며 그것을 바탕으로 외부 경제활동을 이어나갔던 것이다. 그 결과 주변 주민들은 대다수 화교가 청관거리에 산다고 착각할 정도로, 내 집 드나들 듯 이들의 청관거리 출입이 잦았다.[37]

"이 거리에는 삼십(三十)여 세대의 중국 사람들이 음식점, 잡화상, 한약방 등… 갖가지 장사를 하면서 살아가고 있다. 부산 시내에 산재한 오백칠십(五百七十)여 명의 중국인 꼬마들이 이 마을에 있는 화교국민학교에서 배우고 또한 사백오십(四百五十) 명의 푸른색 제복을 입은 화교 중학생들이 옛날의 중국영사관에서 화교중·고등학교란 간판을 걸고 공부를 하고 있다. 청관(淸館)거리의 마지막 지점에 있는 봉래각(蓬萊閣, 지금의 신세계 빌딩) 이것은 부산 개항과 함께 이름 높았을뿐더러 부산시민들이 중국요리를 맛을 보게 된 시초의 건물이라고도 할 수 있는데 지금은 근 사천(四千) 명 화교들 본거지가 되고 있고 이 층엔 중국대사관 부산사무소가 설치되어 있다."[38]

---

37) 장세훈(2009), 앞의 논문, pp.317-318.

38) 『부산일보』 1961년 3월 19일 기사(「부산일보 그때 그 늬우스」, 『부산일보』 2012년 4월 20일자 인용).

　당시 화교들의 사회적 유대감은 민족적 정서에 기반을 둔 것
은 아니었다. 실제로 1950년대 청관거리 풍광을 보면, 중국풍
건축양식을 거의 찾아볼 수 없었다. 중국음식점에 붉은 연등을
걸어놓고, 한국 상점과 달리 명필의 글씨를 받아 멋진 간판을
달아놓은 것 외에는 청관거리라는 특징을 거의 찾아볼 수 없었
다. 중국대륙에서 쫓겨 오다시피 한 산동성 출신의 가난한 화
교였던 이들은 한중관계만 개선되면 귀향하겠다는 일념에 차
있었다. 따라서 한국의 언어와 문화를 익힐 생각이나 시도를 거
의 하지 않았고, 한국사회에 적응하지도, 또 동화되지도 못했
다.[39] 이런 청관거리에 중요한 변화가 찾아왔다.

　한국전쟁에 참전했던 미군 중심의 유엔 주둔군이 즐겨 찾는
유흥가는 처음에는 중앙동 일대 부산역전 뒷골목 주변이었다.
이곳에 미군을 상대로 하는 홍등가가 생기고 사람들은 텍사스
촌이라고 불렀다. 그런데 1953년 11월 27일 중앙동에 있던 부
산역이 대화재로 인해 없어지고, 기차역이 초량동 청관거리 맞
은편으로 옮겨오면서 청관거리가 신흥 중심지로 떠올랐다. 그
리고 이 일대에 미군을 대상으로 한 유흥업소와 점포가 들어서
기 시작하면서 청관거리라는 이름은 잊혀지고 '텍사스거리'라
고 불리게 되면서 달러로 인해 경제 활력이 되살아났다. 텍사스

---

39)　장세훈(2009), 앞의 논문, p.318.

란 이름은 누가 만들었는지는 몰라도 아마도 "미군이 권총을 차고 서부활극을 연상시키는 장면을 자주 연출했기 때문"[40]일 것이다. 주변 상가들이 유흥업소로 바뀌면서 찬란한 조명과 미국식 대중음악이 흘러나왔다. 1970년대 월남전을 전후해서는 유흥업소가 19개소로 늘어나고 여종업원이 450명에 달했다고 한다. 미성년자와 내국인 출입이 금지된 외국인 전용클럽과 술집으로 다소 슬럼가의 양상을 띠기도 했지만, 외화가 흘러나오는 환락가였던 탓에 호황을 누렸다.

"통행금지가 있던 시절에도 예외였던 텍사스촌은 한낮에 지나가도 가슴이 콩닥거렸다. 양공주라 불리던 '언니'들이 아침 햇살 가득한 클럽 앞 평상에서 무방비 상태로 무릎을 세우고 발톱을 깎던 모습, 소설가 박영애가 기억하는 60년대 후반 텍사스촌의 풍경이다. 청소를 하느라 탁자 위에 거꾸로 세워놓은 하늘로 뻗은 둥근 의자의 네 다리와 언니들의 치마 사이로 드러난 다리가 닮았다는 생각이 들었다고 했다… 클럽 하바나의 석○○(57) 사장은 베트남전이 한창일 때 정기선이 일주일에 한 번은 한국군을 싣고 베트남을

---

40) 「부산은 무엇을 기억하는가. (5)바다를 메워 세계를 품다」, 『국제신문』 2012년 2월 7일자.

드나들었다고 했다. 귀국선에서 내린 황석영 소설 속 주인
공들이 향했던 곳도 텍사스였다. 큰 군함이 들어오면 이태
원 동두천 뜨내기 상인들까지 내려와 식당이나 초밥집을 하
루 30만 원에 세를 내 산더미 같이 상품을 쌓아놓고 팔다가
마찰을 빚기도 했더란다."[41]

청관거리는 텍사스촌과 같은 외국인거리라는 공통점을 바탕
으로 동반 성장하다가 닉슨 미국 대통령이 괌 독트린을 발표하
고 주한미군이 철수하면서 경기가 크게 위축되었다. 그래도 부
산항을 통한 국제무역이 증가하고 미군함의 부산방문도 증가
함에 따라 외국선원과 미군함의 병사들의 출입이 잦아지면서
이 지역에는 외국인을 상대로 상품을 판매하는 외국인 전용점
포들이 들어서기 시작했다.[42] 텍사스촌은 외국인 거리라는 공
통점을 바탕으로 인근 중화가의 경제적 활력에 힘을 더해줬다.
1970년대에는 국내외의 상황변화로 중화거리와 외국인상가가
동시에 침체기를 맞이했다. 도시의 관문인 부산역 앞에 슬럼화
한 유흥가가 있다는 사실이 도시의 치욕이라며 이전해야 한다

---

41) 「부산풍경 2009 도시를 기억하다. (4)초량텍사스촌」, 『부산일보』 2009년 1
   월 31일자.
42) 최해군(2000), 『부산사탐구』, 부산을 가꾸는 모임·도서출판 지평, p.187.

제3장 해방 후 부산의 청관거리와 화교들

는 비판의 목소리도 높아졌다.[43] 뿐만 아니라 화교의 경제활동에 대한 규제는 1950년대부터 서서히 이루어져왔는데, 1960년대부터는 중앙집권적 국가가 출현하면서 전면적인 화교배제정책으로 급전환되었다.[44]

(2) 화교차별정책과 재이주

1960년대 이후 한국정부의 화교차별정책은 유명하다. 이에 대한 내용은 이미 많은 연구에서 소개했기에 따로 언급하진 않겠지만, 부산화교에 큰 영향을 미친 두세 가지 사례를 언급하자면 다음과 같다.

첫째, 1948년 12월에 제정된 한국의 국적법은 한국인 부모에게서 태어난 사람만을 한국인으로 규정하는 속인주의에 따랐다. 따라서 화교는 자연히 외국인 신분으로 한국인이 되려면 까다로운 귀화조건을 충족시켜야 했다. 한국정부가 1960년대 초

---

43) 1980년대 후반 내국인 출입규제가 해제되면서 외국인 전용주점가로서의 텍사스촌을 사실상 사라졌다. 그 결과 청관거리도 동반 추락하여 슬럼화했다.

44) 구지영(2011), 「동아시아 해항도시의 이문화 공간 형성과 변용」, 『石堂論叢』 제50호, p.635.

부터 18세에 달한 화교에게 외국인등록을 의무화하면서 문제
는 더욱 심각해졌다.[45] 한국에 영주권제도가 없었기 때문에 외
국인으로 '외국인출입국관리법'의 규제를 받아야 했다. 동남아
시아 국가는 화교의 귀화와 현지사회의 동화를 강요하는 정책
을 취했으나, 한국의 경우 1990년대까지 화교를 비롯한 외국인
의 귀화를 억제하는 정책을 채택하였다. 따라서 화교의 한국사
회로의 동화에 거의 관심을 기울이지 않았다.[46] 한국정부의 화
교에 대한 정책은 동남아 국가들과는 반대로 비동화정책이라
고 볼 수 있다. 우선 까다로운 귀화정책으로 법적으로 외국인의
지위를 벗어나기 어렵고, 경제적인 차별대우로 자유롭게 직종
을 선택할 수 없어 제약이 컸다.

둘째, 1962년 '외국인토지소유제한법'의 실시는 화교경제에
치명타를 가하였다. 화교를 포함한 외국인의 토지소유가 제한
되어 화교들은 몇 대째 살아온 집과 토지를 팔지 않으면 안 되
었다. 당시 부산화교들 가운데 부자는 당면공장이나 주물 공
장하던 사람으로 부동산 투자를 할 수 없었다. 토지소유제한
법 때문이었다. 이를 피하려고 한국인 명의를 빌리다 사기를 당

---

45) 양필승·이정희(2004), 앞의 책, p.88.

46) 이종우(2007), 『한국 화교의 현지화에 관한 연구-부산 거주 화교를 중심으
     로』, 동아대학교 동북아국제대학원 박사학위논문, p.46.

하는 경우도 적지 않았다. 외국인토지소유제한법은 1968년 7월 개정되어 외국인이 거주할 목적으로 1세대 1주택에 한하여 토지면적 200평까지만 취득할 수 있게 했다. 1970년에는 한 가구당 200평 이하의 주택 한 채와 50평 이하의 점포 한 채만을 소유하도록 허용했다. 비록 교육 분야에서는 화교사회의 자율적인 교육제도를 인정하였지만, 화교들이 고학력일지라도 한국에서 취업하는 것이 사실상 어려워 중국음식점을 물려받는 일 말고는 별다른 희망이 보이지 않았다.

셋째, 한국화교가 주로 종사한 업종은 중화요리집이었다. 그래서 화교=중국집이라는 인식이 생겨났다.[47] 1960년대 후반부터 한국정부의 각종 규제정책과 화교 중화요리집에서 기술을 배운 한국인들이 독립하면서 중화요리집의 경영은 점점 악화되었다. 화교집단에 대한 한국정부의 대표적인 차별대우는 1973년 3월 5일 전국의 중국음식점에 내려진 '쌀밥판매 금지령'이다. 음식점에서의 쌀밥판매를 일식, 양식, 한식 등 다른 종류의 음식점에서는 허용하면서 유독 중국음식점에서만 금지했던 이 명령은 화교들의 큰 반감을 불러일으키다가 얼마 후에 철회되

---

47) 해방 후 한국화교가 음식업에 종사한 인구비율은 1954년 4,997명
    (22.62%), 1962년 1,636명(36.99%), 1972년 2,454명(77.41%)으로 갈수록
    높아지고 있다(王恩美(2008), 앞의 책, p.241 표).

었다.[48] 화교의 80% 이상이 종사하던 중화요리집이 여러 가지 곤란을 겪던 중 특히 1977년 한국정부가 실시한 부가가치세 정책은 화교들에게 큰 타격을 안겼다. 게다가 고급일식, 양식, 한식이 음식업계에 등장하고 한국인이 운영하는 중화요리집이 증가하면서 화교들은 궁지에 몰렸다. 결국 1980년대부터 미국 등지에서 기술이민을 개방하자 다수의 한국화교들이 외국으로 눈을 돌렸다.[49]

한국 사회의 제약과 차별은 화교의 재이주를 초래하였다. 1970년 초 부산화교의 숫자는 최고에 이르렀지만, 그 후 국내에서의 성공가능성이 없자 갑작스레 인구가 줄기 시작했다. 특히 부산의 경우 화교들 간의 세대갈등이나 텍사스촌의 쇠락이 이민 등 청관거리를 떠나는 변수로 작용하였다. 1970년대 부산의 화교사회 내에는 세대 간에 갈등이 표면화되었다. 더구나 화교협회 회장 선출을 둘러싼 갈등이 화교 공동체의 균열을 가져오기도 했다. 그리고 텍사스촌의 주요 고객이었던 부산 주둔 미군의 수가 점차 줄어들고, 외항선원의 출입도 줄어들면서 상점 문을 닫을 지경이었다. 결국 1980년대 후반 내국인 출입규

---

48) 박은경(1986), 앞의 책, p.291.

49) 于德豪·張次正(2012),「近代韓華移民史初探--從歷史進程及經濟活動著眼」,『嶺東學報』第31期, p.114.

제3장 해방 후 부산의 청관거리와 화교들

제가 해제되면서 외국인 전용 주점가로서의 텍사스촌은 사라지게 되었다. 그 과정에서 초량 청관거리에 빈집들이 늘어났으며, 텍사스촌의 슬럼화가 급속도로 진행되었다.[50]

무엇보다 부유한 화교 층이 이민을 떠나는 경우가 많았다. 여기에는 자녀들의 교육문제의 한계, 각종 규제로 인한 경제적 성장의 한계, 젊은이들의 결혼과 취업에서의 한계 등이 또 다른 원인이었다.[51] 외국으로 이주한 화교들은 대부분 음식업을 했으나, 국내에 남은 화교의 자녀들은 가능하면 전문직(한의사, 교사 등)으로 진출을 시도하였다. 그래서인지 부산화교의 경우 다른 지역과 마찬가지로 음식업에 종사하는 비중이 높지만, 다른 한편으로는 교육계와 의료계 종사자 비율이 상당 정도 차지한다. 한편 1970년대 중반 부산화교를 비롯해 화교의 다수가 대만의 용화(龍華)라는 지역에 옮겨가 집단 거주하며 보따리장사를 했다. 중화인민공화국의 수립으로 화교 무역상이 의지할 수 있는 나라는 중화민국, 즉 대만뿐이었다. 대만이 한국과 동맹관

---

50) 장세훈(2009), 앞의 논문, pp.320-321.

51) 부산화교협회 총용자(전)회장이 고등학교를 졸업할 때 동창이 130명이었는데, 현재 한국에 남아 있는 화교는 20명뿐이며 대부분은 미국, 대만, 중국, 일본 등으로 이주했다고 한다. 대부분의 화교동창회가 이와 비슷한 상황이어서 재이주의 규모를 짐작할 수 있다(于德豪·張次正(2012), 위의 논문, p.65).

부산화교의 역사

계에 있었을 뿐 아니라 한국화교가 대만국적을 가지고 있었기 때문이다.[52]

---

52) 1971년 대만이 유엔 안보리 상임이사국에서 축출된 후 대만의 영향력은 급속히 쇠퇴하였다. 한국과 대만은 반공동맹으로 정치적 우호관계를 유지했던 반면, 경제적 교류는 매우 빈약했다. 양국 간 교역이 활발하게 이뤄지지 않은 까닭은 양국의 산업구조가 비슷하여 상호보완적인 경제관계가 아니었기 때문이다(양필승·이정희(2004), 앞의 책, pp.73-74).

제3장 해방 후 부산의 청관거리와 화교들

한중수교 후 부산의 상해上海거리 형성과 화교들

1. 한중수교와 부산화교의 변화[1]

1990년대 초반 한국이 러시아와 국교를 맺자 러시아 선박이 부산항에 입항하고 러시아선원과 보따리상들이 부산항으로 대거 유입되었다. 텍사스거리에 러시아어 간판이 걸리고 러시아인을 상대로 한 점포들이 문을 열기 시작했다. 부산화교들은 청관거리를 화교의 상징적인 공간으로만 여기지 않았기 때문에 이런 러시아인의 등장에 반발하지 않았다.[2] 기존 화교의 해외이주와 러시아인의 진출은 청관거리가 해체 위기를 맞이한 듯 보였다. 그런데 1990년 9월 인천-위해 간 여객선이 취항하면서 대한민국과 중화인민공화국 사이에 교류가 본격화되었으며, 1992년 2

---

1) 한중수교 이후의 부산화교에 대한 연구는 적지 않다. 여기서는 기존 연구 (장세훈, 이종우, 김태만, 구지영, 김나영, 우덕호 등)를 간단히 정리 소개하는 선에서 그치고자 한다.
2) 장세훈(2009), 「'부산 속의 아시아', 부산 초량동 중화가의 사회생태학적 연구」, 『경제와 사회』 2009년 봄호, p.321.

월에는 한중 무역협정이 체결되었다. 결국 1992년 8월 역사적인 한중 국교수립이 맺어짐과 동시에 한국과 중화민국(이하 대만으로 약칭)의 국교가 단절되었다. 갑작스런 한중수교로 인해 부산화교들은 잠시 정체성의 혼란을 겪었지만, 1990년대 중반 이후 제2의 부흥기를 맞이하였다.

한중수교 후 중국 대륙에서 건너오는 중국인은 매년 폭발적으로 증가하였다. 그 결과 1992년 수교를 기준으로 이전의 기존의 '구화교'들과 구별되는 '신화교'가 출현하였다. 신화교는 대부분 한중수교 이후에 유입된 대륙의 이주노동자, 유학생, 국제결혼가정 등을 통칭한다. 특히 중국인 관광객과 유학생의 급격한 증가는 차이나타운이 '황금거위'로 부활할 수 있는 가능성을 보여주었다.[3] 1992년 이전에는 대만대사관이 한국화교들에게 대만여권을 발행해주었기 때문에, 구화교 24,000여 명 가운데 95% 이상이 대만여권을 가지고 있었다. 1992년 이후 한국에 온 신화교 수십만 명은 대부분 중국여권을 소지하고 있다. 그중에는 조선족이나 결혼이민자들이 귀화하는 경우도 적지 않았다.[4] 이처럼 오늘날 한국 화교사회는 오래전부터 국내에

---

3) 예동근(2011),「'부산 속의 중국인 사회': 화교, 한중교류협력의 중요한 자원으로 부각」,『부산발전포럼 2011』, pp.48-50.

4) 于德豪·張次正(2012),「近代韓華移民史初探--從歷史進程及經濟活動著眼」,『嶺東學報』第31期, p.95.

체류하던 대만국적의 중국인과 새로운 중국국적의 중국인으로
나누어졌다.[5] 구화교와 신화교의 관계가 어떻게 설정되느냐는
부산화교의 미래를 결정할 중요한 변수로 남아 있다.

냉전체제에서 철저한 반공 이데올로기 영향을 받은 구화교
들은 한중수교 초기 중국에 대해 상당한 거부감을 가지고 있었
다.[6] 특히 한국과 대만의 국교단절은 부산화교의 국가 정체성
에 혼란을 가져왔다. 대만과의 단교에 따라 주부산 대만영사관
도 폐쇄되었다. 하지만 비록 대사관은 아니지만 1994년 서울에
대만대표부가 개설되고, 2005년에는 대만대표부 부산판사처가
설립되어 한국과 대만 간 실질적 관계가 회복되었다. 그리고 중
국의 개혁개방정책의 결과 경제적으로 급성장하고 국제사회에
서 영향력이 향상되자 구화교 내부에서 원래 고향인 중국에 대
한 긍지와 자부심이 일어났다. 한국화교의 산동지역 진출이 두

---

5) 신화교 그룹에 조선족을 포함시키느냐 마느냐를 두고 논쟁이 있다. 조선족
   은 엄연히 중국 국적을 보유하고 있기 때문에 신화교로 구분해야 한다는 주
   장과, 원래 한민족이므로 신화교 그룹에 포함시킬 수 없다는 주장이 팽팽히
   맞서고 있다(양필승 · 이정희(2004), 『차이나타운 없는 나라』, 삼성경제연구
   소, pp.104-106).

6) 2002년 2월 14일 친중국계 한성중국교민협회가 새롭게 발족했다. 그동안
   한국 화교의 구심점으로 기능했던 친대만계의 화교협회에 대항하는 단체가
   탄생한 것이다. 대만정부는 한성중국교민협회가 발족하자 곧바로 이에 개입
   한 화교에 대해 대만 국적을 인정하지 않고 비자를 발급해 주지 않을 것이라
   고 발표했다(위의 책, pp.98-99).

제4장 한중수교 후 부산의 상해거리 형성과 화교들

드러진 것도 그들이 대부분 산동출신이기 때문이다.[7]

부산의 한 중년 화교는 예전에는 화교가 어떤 사건에 휘말려 대만대표부에 도움을 청하면 아무런 반응이 없었지만, 지금은 부산의 중국영사관원이 즉시 달려와 사건을 처리해준다고 했다. 그리고 젊은 영사관원과 화교 청년들은 같이 낚시를 가거나 술도 마시며 정을 돈독히 하고 있다. 그는 해외여행의 불편함과 자녀의 교육문제 때문에 대만국적을 유지하고 있지만, 중국국적으로 바꾸고 싶은 게 솔직한 심정이라고 토로했다. 이것은 특수한 사례일 수 있지만, 앞으로 산동성 출신이 대부분인 부산화교가 친중국계 단체에 기울어질 가능성이 없지 않다.[8] 현재 부산의 중국영사관과 대만판사처는 정치적인 갈등은 덮어둔 채 부산화교를 매개로 비교적 우호적인 관계를 유지하고 있다. 그런데 부산화교는 대륙과 대만정부의 화교정책에 대해서 비판적인 시각을 가지고 있다는 주장도 있다.[9]

냉전체제의 해체에 따른 한중관계의 회복과 세계화는 화교들에게 큰 영향을 미쳤다. 우선 화교에게 대륙의 문이 열린 것은

---

7) 임채완·박동훈(2006), 「한국 화교의 역할과 발전방향」, 『한국동북아논총』 제41집, p.21.

8) 양필승·이정희(2004), 앞의 책, pp.99-100.

9) 李丹·尹寧(2010), 「釜山'老華僑'的民族與國家認同研究」, 『동아연구』 제58집 참고.

고향과의 연결이라는 정서를 넘어서 새로운 경제적 가능성을 열어주었다. 일부 사람들은 한국과 중국을 연결하는 보따리 무역에 종사하였다. 다음으로 20세기 말 외환금융 위기의 돌파구로서 해외 자본유치의 필요성에 따라 동남아 화교자본에 대한 국내의 관심이 높아지면서 연결고리로서 국내화교에 대한 관심이 높아졌다. 게다가 세계화로 인해 외국 자본유치를 위한 국내 여건을 조성하기 위해 한국정부의 외국인 정책에 대한 재검토 필요성이 제기되어 몇 가지 전향적인 변화가 있었다.[10]

1998년 6월 새롭게 시행된 외국인토지법은 외국인의 토지소유와 관련된 제한을 없앰으로서 과거 50평 이상의 가게와 200평 이상의 토지소유를 제한했던 규정을 풀어 자유롭게 매매할 수 있도록 했다. 이에 따라 화교들의 재산보유와 증식을 막던 걸림돌이 제거되었다. 1997년에 개정된 국적법에는 헌법에 규정된 남녀평등의 원칙에 따라 부계 혈통주의를 포기하고 부모 양계 혈통주의를 채택하였다. 부계혈통주의를 포기했다는 사실은 출생 당시 부모 가운데 한 사람이라도 한국인이면 그 자녀는 한국국적을 얻을 수 있다는 것을 의미하였다. 이에 따라 화교의 귀화를 어렵게 만든 까다로운 귀화조건도 완화되었

---

10) 장수현(2004), 「한화(韓華), 그 배제의 역사」, 『당대비평』 제19집, pp.253-256.

다. 1998년에 화교의 체류허가기간이 3년에서 5년으로 연장되었고, 2002년에는 출입국관리법이 개정되어 영주권이 부여되는 F5 비자제도가 도입되었다. 이에 따라 대만국적의 대다수 한국 화교들이 신청만 하면 영주권을 받을 수 있게 되었다. 2006년부터 선거법도 개정되어 영주권 취득 이후 3년 이상이 된 19살 이상의 국내거주 화교가 지방선거에서 투표권을 행사할 수 있게 되었다. 이에 따라 2006년 5월 31일 지방선거 당시 부산지역 화교 유권자 수는 총 337명으로, 초량 청관거리에 거주하고 있는 화교들 중에는 43명이 선거에 참여하였다.

대중수출은 2002년 대일수출을 누르고 2위에 올라섰다. 다음 해인 2003년 대중수출이 다시 대미수출을 누르고 1위에 올라섰다. 이처럼 중국과의 무역이 급성장하면서 교류가 빈번해지자, 화교에 대한 국민적 인식도 개선되어 화교정책도 우호적으로 바뀌었다. 최근까지 귀화절차의 간소화문제, 이중국적 허용문제, 장기체류 외국인의 세분화문제 등과 같은 과제들이 상당 정도 해소되는 등 놀라운 변화가 있었다.

부산화교의 현황에 대해 간단히 소개하면 다음과 같다. 한국의 화교협회는 각 도시에 모두 52곳이 있는데, 그 가운데 대도시는 전문 인력과 전산화 시스템으로 관리하고 있으나, 소도시에서는 협회회장의 집이나 가게에서 손으로 직접 써서 호적등본 등 각종 증명서를 기록한다. 이런 호적등본 기록에는 초기 이민세대가 살았던 내용이 담겨 있다. 따라서 이미 사망한 화교를 조사 연구할 경우 협회에 가서 자료를 찾는 것이 필요하다.[11] 부산화교협회의 기록에 따르면, 부산화교(부산, 밀양, 거제, 김해, 양산)의 인구현황은 2009년 6월 현재 총 가구 수는 920세대 3,642명이며, 부산 거주민 수는 2,345명이다.[12] 화교협회가 관할하는 단체로는 부산화교소학교 부속유치원, 부산화교소학교, 부산화교 중고등학교, 명덕 화교신촌, 충효촌(우남 이채롬)[13] 등이 있다.

2007년 8월 현재 부산화교협회의 호적부에 등록된 부산광역시 화교의 지역별 분포를 보면 영도구 43가구, 사하구 36가구, 서구 58가구, 중구 115가구, 부산진구 79가구, 남구 54가구, 사상구 91가구, 동래구 24가구, 연제구-금정구 36가구, 해운대구 65가구, 수영구 37가구, 북구-강서구 25가구, 기장군 5가구 등이다. 전통적인 화교 밀집지역이라고 할 수 있는 중구와 동구의 화교가구 수가 많은 편이지만 857가구가 지역별로 고루 분포

---

11) 于德豪·張次正(2012), 앞의 논문, p.65.

12) 김태만(2009), 『내 안의 타자(他者): 부산 차이니스 디아스포라』, 부산발전연구원 부산학연구센터, p.8.

13) 우남 이채롬 아파트는 1997년 '충효촌 지역주택 조합'이 결성되어 옛 충효촌 일대(중구 영주1동 5, 9, 11번지 일부)에 건립을 시작해서, 2006년 3월 아파트가 준공되었다(위의 책, pp.128-129).

제4장 한중수교 후 부산의 상해거리 형성과 화교들

해 있다. 중국의 출신지별 분포를 보면 산동성 756가구, 하북성 25가구, 요녕성 24가구, 호북성 4가구, 강소성 2가구, 대만 2가구, 기타 2가구 등으로 산동성 출신이 압도적이다. 그리고 부산화교 2,117명의 출생지별 분포를 보면 한국 1,879명, 중국 189명, 대만 34명, 싱가폴 1명, 일본 6명, 미국 5명, 태국 1명, 베트남 1명, 인도네시아 1명 등으로 한국에서 출생한 화교가 대부분을 이룬다.[14)

화교학교의 현황을 살펴보면, 2007년 8월 현재 화교자녀들을 대상으로 교육하는 화교 유치원이 1개 반 11명, 화교 소학교가 8개 반 203명, 화교 중학교가 6개 반 145명, 화교 고등학교가 5개 반 140명으로 모두 20개 반 499명이 재학 중이다. 교과과정에는 한국어 교육시간이 부족하고 한국의 역사와 문화를 이해하는 과목이 거의 없어 부산화교의 현지화에 걸림돌로 작용한다는 지적이 있다.[15) 부산화교 소학교의 경우 1970년대 한 반이 50여 명으로 두 개 반이 있었는데, 점점 감소해 지금은 한 반에 15~25명이 있으며, 그나마 절반 이상이 한국학생이다.[16) 화교

---

14) 이종우(2007), 『한국 화교의 현지화에 관한 연구-부산 거주 화교를 중심으로』, 동아대학교 동북아국제대학원 박사학위논문, p.55.
15) 위의 책, pp.56-59.
16) 于德豪 · 張次正(2012), 앞의 논문, p.115.

학생의 대부분은 고등학교까지 화교학교를 다니지만 대학과정
은 한국대학을 진학하는 비중이 매우 높은 편이다. 1999년에는
화교학교도 교육부로부터 각종 학교로 인정되어 취업 등에서
다소 불이익이 사라졌다. 최근에는 중국어를 배우는 열기가 고
조되어 한국학생들이 화교학교에 진학하는 사례가 늘고 있다.

　부산화교의 경우 한국인 배우자를 두고 있는 비율이 절반 가
까이 되며 혼인관계를 통한 화교의 현지화는 상당히 진행되었
다. 화교들이 여전히 한국인으로 귀하하지 않고 대만 국적을 유
지하는 경우가 많지만 최근에는 이중국적을 소지하는 경우도
늘고 있어 상당 정도 한국사회에 동화되었다고 볼 수 있다. 하
지만 여전히 한국사회에서 화교로 살아가는 정체성의 혼란을
호소하기도 한다.[17] 아래의 두 인터뷰 기사는 화교 2세대와 3세
대의 정체성에 대한 고민의 단편을 보여준다.

　"글쎄, 내 머릿속에는 국적이 없습니다. 어떤 나라이던지 세
　상에 태어나서는 국적이든지 고향이든지 자기 문헌에서 기
　록적으로 말하면 되지 관념상에서는 그게 있으면 안 된다
　고 생각합니다. 세계에서는 다 똑같습니다. 나 본인이 생각
　해보면 그렇다고요. 나는 부모님이 중국 사람이지만, 내가

---

17)　이종우(2007), 앞의 책, pp.90-91.

제4장 한중수교 후 부산의 상해거리 형성과 화교들

한국에서 태어났는데 나는 완전히 한국사람 같은데 한국
법에는 그런 게 없습니다. 그런 법에서 나는 한국 사람이 안
되지요. 그런 것뿐이지… 민족을 강조하는 것은 말하자면
사람이 힘이 없을 때 함께 모여서 힘을 모을 때 필요할 따름
이죠. 그뿐입니다."(화교 2세대 허진우 선생 인터뷰)[18]

"제가 정리한 저의 정체성은 저는 한국화교(韓華)예요. 중국
사람이지만 100퍼센트 중국사람은 아니구요, 100퍼센트 대
만사람도 아니구요, 100퍼센트 한국사람도 아니구요. 그게
제가 생각을 정리한 내용이에요. 왜냐면 저희가 중국에 가
면 동포라고 합니다. "동포가 오셨습니다." 같은 경우라고
생각하는데 어떤 사람들은 또 외국인이라고 하는 사람도
있어요. 두 번째는 제가 국적이 대만이라서 소속감을 갖기
위해서 대만에서 10년 동안 공부했고, 심지어 군대까지 자
원했어요… 그래도 10년 사귄 저의 대만친구가 저보고 한
국사람이라고 해요. 그만큼 대만사람들도 저희들을 대만사
람이라고 안 봅니다. 그런데 한국에서는 화교라고 해서 법
률적으로 전체적으로 외국인으로 간주하거든요. 실질적으
로 어느 나라 사람인지 몰라요. 그래도 결론적으로 우리는

한국화교다. 그것이 저의 정체성이고 그렇게 정리가 되었어
요."(화교 3세대 우덕호 교수 인터뷰)[19]

한 연구에 따르면, 화교 1세대는 한국에 정착하기보다는 돈
을 벌어서 중국으로 귀향할 생각이 지배적이었다고 한다. 따라
서 한국의 언어와 문화, 제도의 습득에 무관심했고, 이는 스스
로를 일방적인 피해자로 만드는 결과를 가져왔다. 이들은 한국
사회의 화교 배척에 순응하는 자세로 일관했고, 도저히 순응할
수 없는 경우에는 이민을 떠났다. 화교 2세대는 중국 사람이라
고 생각한다는 점에서 1세대와 다를 바 없지만, 한국의 언어, 문
화, 제도를 적극적으로 습득하고 한국사회에 적응하려 했다. 한
국에서 태어났기 때문에 한국을 적어도 '절반의 고향'으로 여기
기 때문이다. 이와 달리 화교 3세대는 자신이 한국에 사니까 당
연히 한국 사람이라고 생각하며, 적지 않은 수가 중국말도 잘
하지 못한다. 이들은 한국 사회에 대한 토착화가 거의 이루어진
상태라고 볼 수 있다.[20]

---

19) 위의 책, pp.168-169 인용.
20) 장세훈(2009), 앞의 논문, p.320.

제4장 한중수교 후 부산의 상해거리 형성과 화교들

2. 상해거리의 형성과 차이나타운 축제

부산시는 1993년 8월 중국 상해시와 자매 결연을 맺었다. 1998
년 부산시에서는 상해거리를, 상해시에서는 부산거리를 조성키
로 합의하면서, 그해 8월에 청관거리를 '상해거리'로 명명하였
다. 초량1동 사무소와 상해문 사이에 화교 집단상가가 형성되
어 있는 거리를 상해거리라고 부르며, 상해거리 동문과 은행길
국민은행 사이의 거리(텍사스거리라고 불리던 곳)를 '외국인 상가
길'이라고 부른다.[21]

상해거리는 상해문 건립과 거리 미관 개선, 도시기반 시설조
성 등을 단행하면서 화교거주지에 머물던 청관거리를 관광지의
이미지로 바꾸었다. 이 지역이 부산 중화요리의 메카로 알려지
면서 중국음식점이 제법 들어섰으며, 뒤이어 한의원, 중국 문방
구점, 중국 식료품점 등이 들어오면서 중국적 풍모를 갖추어갔

---

21) 이종우(2007), 앞의 책, p.53.

다. 상해문이나 동화문은 중국 전통의 건축양식으로 만든 패루로 상해거리의 입구이고, 중심사거리에도 중앙 상징물로 아치형 조형물이 세워졌으며, 상해거리 남북에도 역시 아치문이 있다. 중앙 상징물 앞에는 패왕별희의 동상이 세워져 있고, 가로등마다 황색의 용머리와 적색의 용문양이 디자인되어 있다.[22]

<표9> '상해거리' 및 '외국인 상가길' 현황표(2007년 8월 현재)[23]

구 분		계	상해거리	외국인 상가길
총계		271	144	127
식당	소계	49	27	22
	한식	16	6	10
	분식	8	3	5
	중식	14	13	1
	레스토랑	11	5	6

22) 박향화·강영조(2012), 「부산 상해거리 상점 전면부 경관요소의 유형적 분석과 중국 전통 경관이미지의 재현 수법에 관한 연구」, 『한국전통조경학회지』 30권 2호, pp.136-137.
23) 이종우(2007), 앞의 책, p.55 표.

제4장 한중수교 후 부산의 상해거리 형성과 화교들

주류업	소계	48	29	19
	외국주점	17	7	10
	간이주점	31	22	9
의류		38	15	23
신발		13	4	9
가방		4	3	1
가전		30	25	5
슈퍼		12	4	8
기타		77	37	40

　상해거리에 도입된 가로환경 조형물의 이미지는 중국의 남방문화 양식에 한정되지 않고, 중국의 북방문화 양식과 한국적 양식이 혼재되어 있다.[24] 그래서인지 엄밀히 말하면 상해거리라는 이름은 이 지역의 역사와 문화와 무관하게 지방자치단체에 의해 인위적으로 붙여졌다는 지적이 있었다. 특히 90% 이상이 산동성 출신이고 대만국적을 가진 부산화교의 전통과는 별로 관련이 없는 명칭이라는 것이다.[25] 이런 비판 때문인지 최근에는

---

24) 박향화·강영조(2012), 앞의 논문, p.141.
25) 박규택·하용삼·변광석(2010), 「이질적 인식과 실천의 장으로서의 로컬, 부산 차이나타운」, 『한국사진지리학회지』 제20권 제3호, p.98; 구지영

초량 차이나타운이라는 이름이 더욱 자주 들린다.

　한국 경제의 패러다임이 변화하면서 지방자치단체의 화교정책도 큰 변화를 겪었다. 부산 등 지자체들은 지리적으로 인접한 중국 관광객을 끌어들일 목적으로 차이나타운의 건설에 적극적으로 나섰다. 2007년 7월 옛 텍사스촌을 지역특화 발전특구로 지정하여 2012년까지 동구 초량1동 571번지 및 초량2동 492번지 일대에 11만 4,917제곱미터의 면적으로 '차이나타운'을 조성하는 계획이 추진되었다. 차이나타운의 공간적 확장 과정을 살펴보면, 차이나타운은 상해거리를 중심으로 형성되어 있고 외국인거리는 외국인 상가길을 중심으로 확장되고 있다. 차이나타운에는 현재 중국인이 많지 않고, 중국 상점 역시 많지 않다. 부산 상해거리 및 외국인거리 상가의 경영주는 한국인이 대부분일 것으로 보이지만, 적어도 상해거리 내의 중국식당은 화교가 소유주이며 과거 청국조계지가 형성되었던 공간에서 머무르고 있다. 외국인거리의 상가는 거의 한국인이 운영하며 외국인을 상대로 운영한다.

　실제로 패루(상해문), 초량1동 주민센터, 공영주차장, 패왕별희 동상, 화교학교의 삼국지 벽화 등 개발 이후에 설치된 조형

(2011), 「동아시아 해항도시의 이문화 공간 형성과 변용」, 『石堂論叢』 제50호, p.636 등.

제4장 한중수교 후 부산의 상해거리 형성과 화교들

물과 몇몇 중국음식점을 제외하고는 '중국적인 경관'이 별로 드러나지 않는다. 차이나타운에 러시아어 간판을 내세운 곳도 있고, 일부 중국 음식점도 현재의 차이나타운을 벗어나 서쪽으로 확장되어 있다.[26] 게다가 차이나타운이라 불리는 곳에는 중국풍이라는 하나의 색채로만 규정할 수 없는 다양한 국적의 문화가 혼재되어 있다. 그래서 한 연구자는 차이나타운의 개발은 중국풍 일색보다는 다문화공간이 이루어지는 방향으로 재구성해야 한다고 제안한다. 그래야만 해양성과 개방성을 기초로 이루어진 부산의 독특한 문화정체성을 반영하는 새로운 공간이 만들어질 수 있다는 것이다.[27]

인터뷰에 따르면, 부산화교들은 차이나타운 개발에 대해 진정한 중국 문화요소가 부족하고, 차이나타운 음식점 메뉴가 천편일률적이며, 차이나타운을 대표하는 공간(화교기념관, 화교박물관, 중산기념관, 마조묘 등)이 없고, 중국어와 중국문화를 학습하거나 체험할 수 있는 시설이나 프로그램이 미흡하다고 본다.[28] 지금 한국의 화교사회는 각 지자체 단체들이 앞 다투어 막대한

---

26) 구지영(2011), 위의 논문, p.630.

27) 김나영(2011), 「부산 차이나타운의 가로에서 나타나는 다문화성과 국가수의 간의 길항」, 『역사와 경계』 제78호, pp.59-60.

28) 김태만(2009), 앞의 책, pp.132.

투자를 하며 차이나타운을 건설하고 있지만 그전에 선행되어야 할 역사적 배경이나 실태조사는 충분히 이루어지지 않아 문제점이 없지 않다. 부산과 인천, 서울뿐만이 아니라 지방의 여러 도시에서 차이나타운을 건설하고 있는데, 기업이 아닌 정부가 추진 주체로 나섬으로써 오히려 단순한 부동산 개발 사업으로 전락할 위험성도 내포되어 있다.[29]

부산 동구청을 중심으로 상해거리를 활성화하여 중국 관광객을 유치하기 위해 2003년 '상해거리 축제추진위원회'가 발족하여 2004년 '제1회 상해거리 축제'를 연 후 매년 개최한다. 2007년 차이나타운 지역발전 특구가 지정되면서 축제이름을 '차이나타운특구 축제' 등으로 바꾸면서 근래에는 매년 5월경 개최하고 있다.

---

29) 세계의 차이나타운, 특히 이른바 '신차이나타운'은 어떠한 경우에도 정부가 나서서 개발 주체가 된 사례가 없다. 원래 화교란 국가 권력과 일정한 거리를 두기 원하는 이민 집단으로, 모국이든 현지권력이든 '不可近不可遠'을 생존원칙으로 삼고 있다(양필승·이정희(2004), 앞의 책, pp.119-120).

제4장 한중수교 후 부산의 상해거리 형성과 화교들

〈표10〉 역대 차이나타운 축제 현황표[30]

횟수	행사명	일시	장소
1	제1회 상해거리 축제	2004년 10월 8일(금) ~ 10일(일)	부산역 및 상해거리 전역
2	제2회 상해거리 축제	2005년 10월 14일(금) ~ 10월 16일(일)	부산역(개/폐막식), 상해거리 내 홍성방 앞 사거리, 구 중앙회관 앞 광장 상설무대
3	제3회 차이나타운 축제	2006년 10월 13일(금) ~ 10월 15일(일)	부산역 및 상해거리 전역
4	차이나타운 지역 발전특구지정기념 제4회 차이나타운 축제	2007년 10월 5일(금) ~ 10월 7일(일)	부산역 및 상해거리 전역
5	제5회 차이나타운 특구 축제	2008년 5월 16일(금) ~ 5월 18일(일)	부산역 광장 및 차이나타운 특구 일원
6	제6회 차이나타운 특구 축제	2009년 5월 15일(금) ~ 5월 17일(일)	부산역 광장 및 초량 차이나타운 특구 일원
7	제7회 차이나타운 특구 축제	2010년 6월 12일(토) ~ 6월 13일(일)	부산역 광장 및 초량 차이나타운 특구 일원

---

30) 부산 동구청 차이나타운 특구 축제 공식사이트(http://www.chinatown-f.com).

8	제8회 초량차이 나타운 특구 축제	2011년 4월 29일(금) ~ 5월 1일(일)	부산역 광장 및 초량 차이나타운 특구 일원
9	2012 부산차이나 타운특구 문화축제	2012년 6월 22일(금) ~ 6월 24일(일)	초량 차이나타운특구, 부산역, 외국인거리 및 초량전통시장 일원
10	2013 부산차이나 타운특구 문화축제	2013. 5월 31일(금) ~ 6월 2일(일)	부산역광장, 초량 차이 나타운특구 및 이바구 길 일원 등

차이나타운 축제에 대해, 초기에는 초량지역의 화교들과 부산시민들만의 축제였다가 이제는 중국인 관광객이 즐겨 찾는 축제로 발전했다거나, 초량지역의 경제 활성화에 일조했다는 긍정적인 평가가 있다. 하지만 중국의 역사문화 관련 행사와 중국과 별로 관련이 없는 행사가 혼재되어 있다든지, 부산화교의 특징을 드러내는 행사가 없다는 비판적인 평가도 있다. 실제로 부산에 거주하는 2,300여 명의 화교 가운데 초량에서 활동하는 사람은 10%에도 미치지 못하며, 화교가 직접 참여하는 축제행사는 별로 없다. 부산 동구청에서는 차이나타운 주민들의 적극적인 참여를 바라지만 초량 중화가 사람들이 적극적으로 나서지 않는 것도 문제이다. 이러한 무관심은 화교의 세대교체와도 밀접히 관련되어 있을 것이다. 화교 1, 2세대와 달리 화교 3세대는 한국사회에 동화되면서 차이나타운을 자신들의 거점으로

제4장 한중수교 후 부산의 상해거리 형성과 화교들

생각하지 않는다.[31] 그래서인지 현재로서는 초량 중화가가 요코하마나 고베와 같은 번화한 차이나타운으로 발전하기 어렵다는 전망도 있다.[32]

인터뷰에 따르면, 부산화교들은 차이나타운 축제에 대해 일회성 행사성격이 강하고, 지역사회에 화교들의 문화와 존재감을 확인시킬 수 있는 영향력이 미약하며, 차이나타운과 차이나타운 축제에 대한 부산시민들이 무관심하다고 평가한다. 그 개선방안으로 차이나타운과 차이나타운 축제의 중요성에 대해 적극적으로 인식시키고 축제운영을 역동적으로 추동해야한다고 생각한다. 화교 역시 차이나타운 축제의 중요성을 스스로 자각하여 화교사회 내에서 적극적인 참여유도가 필요하다고 본다.[33] 그럼에도 불구하고 해마다 열리는 축제가 나날이 발전하고 있는 것은 사실이다. 상해거리의 체계적인 정비와 차이나타운 축제의 정기적인 개최는 개항이래 꾸준히 이어지는 부산 청관거리의 오랜 역사에 새로운 전통을 세우는 일임에는 틀림

---

31) 김태만(2009), 앞의 책, p.79.

32) 한 연구자는, 초량의 중화가는 단순히 화교의 집단거주지가 아니라 소수인 종들이 몰리는 '부산 속의 아시아'로 자리 잡을 가능성이 높다고 생각한다 (장세훈(2009), 「'부산 속의 아시아', 부산 초량동 중화가의 사회생태학적 연구」, 『경제와 사회』 2009년 봄호, pp.325-326, p.310).

33) 김태만(2009), 앞의 책, p.132.

없다.

　정리하자면, 부산의 차이나타운이 있는 초량골목은 조선후기에는 왜관으로 가는 골목이었으며, 개항기에는 '청국조계지(淸國租界地)'가 설치되었고, 일제강점기 때는 '시나마치(支那町)'라고 불렀다. 해방 후 '청관(淸館)거리'라고 불리다가 한때 미군의 텍사스거리가 되었다. 여기서 청관거리란 용두산 주위에 있었던 일본인의 왜관(倭館)거리에 대응해 부르는 말이었다. 이런 초량 차이나타운은 지리적 위치는 큰 변화 없이 유지되었지만, 청관거리의 주인인 화교들의 출신은 시대에 따라 바뀌었다. 게다가 해방 후 미군의 텍사스거리, 러시아인의 외국인 쇼핑거리, 최근의 상해거리까지 변신을 거듭하며 다문화공간으로 변화하는 과정은 역사적으로 흥미로운 사례이다. 그러나 초량 차이나타운의 역동적인 변화는 본문에서 언급했듯이 그리 행복했던 것만은 아니다. 지금도 한국에서는 중국인으로, 대만에서는 한국인으로, 심지어 대륙에서는 외국(대만)인으로 대접받으며, 한마디로 찬밥 신세였던 화교들의 신세는 기구하였다. 우리가 소수자인 화교들의 슬픈 역사를 이해해야 할 필요성은 어쩌면 좀 더 나은 지역공동체를 만들기 위해 반드시 거쳐야 할 자기반성의 한 과정이기 때문인지도 모른다.

제4장 한중수교 후 부산의 상해거리 형성과 화교들

사진으로 보는
부산화교의 풍경

1900년대 청관거리 풍경(부산시청 문화관광과 제공)

1900년대 청국영사관 풍경(부산시청 문화관광과 제공)

일제시대 초량 시가지 전경(부산시청 문화관광과 제공)

일제시대 열차가 달리는 초량 해안(부산시청 문화관광과 제공)

釜山華僑自治區戶籍簿

戶 號：0037	戶 籍 謄 本		戶 別：共同生活戶
住　　　　址	釜山廣域市　影島區　瀛仙洞 4 街 186 之 46 番地　半島公寓 107 棟 1402 號		
戶 長 變 更 及 全 戶 動 態 記 事			

稱謂：戶長	姓　　名	于 德 豪	記事	原名于德伏於1983年07月09日，由法務部更改為于德豪，於同年同月同日申告。1997年01月02日與韓籍女性安信嘉（1972年05月03日生）結婚同時申告。
	出 生 別	長 男		
	出 生 日 期	1969年07月14日　外僑證號 690714-5120192		
	父	于 政 會（歿）		
	母	董 淑 蘭（存）		
	配 偶	安 信 嘉（存）		
	出 生 地	韓 國		
	籍 貫	山東省 平縣		

稱謂：女	姓　　名	于 佳 音	記事	1998年10月28日出生申告。
	出 生 別	長 女		
	出 生 日 期	1998年10月21日　外僑證號 981021-2114812		
	父	于 德 豪（存）		
	母	安 信 嘉（存）		
	配 偶			
	出 生 地	韓 國		
	籍 貫	山東省 平縣		

頁 次　0001

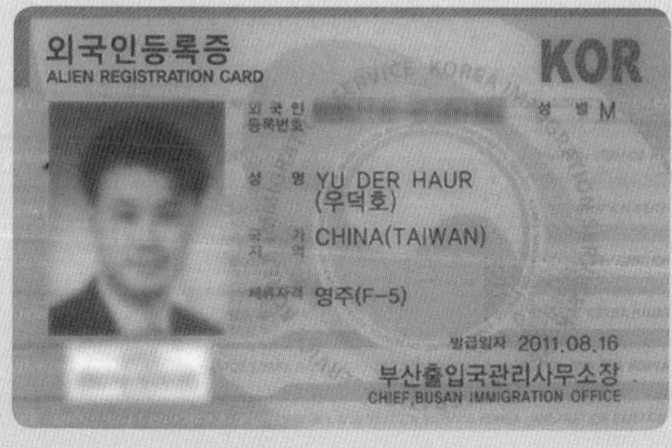

1950년대 무렵 부산화교 자치구 호석부(위), 최근 부산화교 호적등본(가운데), 외국인등록증(아래. 모두 우덕호 제공)

1951년 부산하단 화교중학교 전경(우덕호 제공)

1953년 부산하단 화교중학교 단체사진(우덕호 제공)

1950년대 부산화교중학교 교실(우덕호 제공)

1950년대 부산화교중학교 교문(우덕호 제공)

1950년대 부산화교중학교 도서관(우덕호 제공)

1950년대 부산화교중학교 식당(우덕호 제공)

1950년대 부산화교중학교 수업(우덕호 제공)

1950년대 부산화교중학교 행사(우덕호 제공)

1960년대 영주동 풍경(부산 동구청 제공)

1960년대 서면신촌
(피난촌)의 화교 여
인. 집에서 중국만두
를 만들고 있다.(유
건국 제공)

1937년 창경궁에서 찍은 화교 가족 사진(유건국 제공)

1950년대 화교 여인들(유건국 제공)

부산 초량 차이나타운 입구(위)와 거리 풍경(아래)

초량 차이나타운 입구와 부산역

한국 부산 화교협회 건물
(부산 화교협회 홈페이지)

매년 3월 29일 부산
에서 열리는 화교청년
절 사진. 손문 사진과
중화민국 국기가 보인
다.(우덕호 제공)

부산 초량 차이나타운에
자리한 화교 중·고등학교
(위)와 유치원(오른쪽. 모
두 부산화교협회 제공)

화교중·고등학교 축제 장면(부산화교협회 제공)

부산 화교학교 담장의 삼국지 벽화

부산 천주교 화교성당(부산 화교성당 홈페이지)

부산화교를 상징하는 건물 구 봉래각(구 백제병원) 전경

구 봉래각(구 백제병원) 내부

2013년 부산 차이나타운 특구 축제의 홍등터널(부산 동구청)

2013년 부산 차이나타운 특구 축제의 경극(왼쪽)과 수타면 기술 시범(오른쪽. 모두 부산 동구청 제공)

부산화교사 연표

연도	부산화교사	국내외 주요 사건
1882년 7월		임오군란 발발
1882년 10월		〈조청상민수륙무역장정〉 체결
1883년 10월	덕흥호사건 발생	
1883년 12월	진수당과 묄렌도르프가 덕흥호사건을 조사하다 청국영사관을 설치하기로 합의	
1884년 4월		〈인천화상조계장정〉 체결로 조계지 형성
1884년 5월	지금의 초량동 자리에 청국영사관을 설치	
1887년	부산에 청국조계지 설정	
1894년 6월		청일전쟁 발발
1894년 11월		〈청상보호규칙〉 제정
1895년 4월		시모노세키조약 체결
1897년 10월		대한제국 성립
1899년	청국영사관 개설	
1899년 9월		〈한청통상조약〉 체결
1910년 3월	〈인천, 부산, 원산 청국 조계장정〉 체결	
1910년 8월	부산중화상회 실립	〈한일강제병합조약〉 체결

부산화교의 역사

1912년 1월		중화민국이 청국 영사관 계승
1913년 3월	〈재한청국거류지폐지협정〉으로 부산의 청국조계지 폐지	
1919년 11월	부산우선 파업으로 중국인 노동자 30명을 고용	
1922년	부산 2부두 매축공사로 산동출신 노동자 수백명이 청관거리로 유입	
1926년	부산화교들 장개석의 국민혁명 지지	
1931년 7월	배화운동으로 다수의 화교 귀국	만보산사건 발발
1932년	백제병원을 양모민이 인수해 중화요리집 봉래각으로 개업	
1937년 7월		중일전쟁 발발
1940년 3월	부산화교들 만주국과 왕정위 친일정부 지지	
1941년 12월		태평양 전쟁으로 확대
1944년	평화루 사건 발생	
1945년 8월		일본의 패망과 한국의 광복
1947년 2월		장개석의 국민정부 서울에 총영사관 설치
1948년 8월		대한민국 정부수립

1948년 12월		국적법 제정
1949년		장개석의 국민정부와 대한민국 간 국교수립
1949년 10월		중화인민공화국 수립
1949년 11월		외국인의 입·출입과 등록에 관한 법률 공포
1949년 12월		장개석의 국민정부 대만으로 이동
1950년 6월	한국전쟁 발발로 중화민국 대사관을 비롯해 전국의 화교들이 부산에 피난 옴	
1950년	'부산화교 자치구'를 자치정부로 인정	
1952년~	영주동에 충효촌, 서면 일대에 신의촌, 황령산 방면에 인애촌 등 화교 피난민촌 형성	
1953년 1월	정영생 체포사건 발생	
1953년 11월	부산역이 대화재로 소실되자 새 역사가 초량동 청관거리 맞은편으로 옮겨옴	

1954년	부산 화교중학교 새로운 교사 설립	
1954년	거제도 포로수용소 중공군 포로 2만 명 중 절반정도가 대만행을 원해 거제도를 떠나 대만 기륭항으로 출국. 일부 중공군 포로는 부산에 잔류	
1955년	부산 화교유치원 설립	
1957년	대만판사처 설립	
1960년	부산 화교고등학교 과정개설	
1961년 9월		'외국인 토지소유 금지령' 공포
1961년	'부산화교 자치구'가 '화교협회'로 변경	
1962년		화폐개혁 실시
1968년 7월		'외국인 토지법' 공포
1973년 3월		중화음식점의 쌀밥판매 금지령 공포
1974년	영사관으로 개명하며 전라남북도와 제주도도 관할	
1975년 5월	멸공안보궐기대회 주최	
1987년	총영사관으로 승격	

부산화교사 연표

1990년		한·러 국교수립
1990년 9월		인천-위해간 여객선 취항
1992년 2월		한·중 무역협정 체결
1992년 8월		한·중 국교수립과 대만과 국교단절
1993년 8월	부산시와 상해시 자매결연	
1997년	옛 충효촌 일대를 재개발해 우남 이채롬 아파트 건립시작	
1997년 12월		'국적법' 개정
1998년	부산에 '상해거리'를 건립하기로 합의	
1998년 6월		'출입국 관리법'의 개정으로 화교체류기간을 3년에서 5년으로 연장
1999년 6월		외국인의 토지소유 제한조치 해제
2002년 4월		'출입국 관리법'의 개정으로 화교에게 영주권 제공
2003년	상해거리 축제추진위원회 발족	

부산화교의 역사

2004년 5월	'제1회 상해거리 축제' 개최	
2005년 8월		선거법 개정에 따라 화교의 투표권 허용
2005년 10월		서울에서 세계화상대회 개최
2005년		대만과 관계회복
2006년 3월	영주동 충효촌에 우남 이채롬 아파트 준공	
2006년 5월	5·31 지방선거에 부산 화교들 참가	
2007년 7월	옛 텍사스촌을 지역특화 발전특구로 지정하여 2012년까지 '차이나타운'을 조성할 계획 추진.	
2007년 10월	상해거리 축제가 차이나타운특구 축제로 명칭이 바뀜	

*김태만(2009), 『내 안의 타자(他者): 부산 차이니스 디아스포라』(부산발전연구원 부산학연구센터)의 연표(pp.125-129)와 于德豪·張次正(2012), 「近代韓華移民史初探--從歷史進程及經濟活動著眼」(『嶺東學報』第31期)의 연표(pp.121-124)를 기초로 다시 작성하였음.

참고문헌

相澤仁助(1905), 『韓國二大港實勢』, 日韓昌文社.

朝鮮總督府庶務部調査科(1924), 『朝鮮に於ける支那人』, 朝鮮總督府.

小田內通敏(1925), 『朝鮮に於ける支那人の經濟的勢力』, 東洋硏究會出版.

中華民國朝鮮總領事館編(1930), 『朝鮮華僑槪況』.

華僑志編纂委員會(1958), 『韓國華僑志』, 海天.

아세아문제연구소 편(1970), 『舊韓國外交文書(제8권)』淸案(1), 고려대학교아세아문제연구소.

아세아문제연구소 편(1972), 『舊韓國外交關係附屬文書(제3권)』統署日記(1), 고려대학교아세아문제연구소.

中央硏究院近代史硏究所編(1972), 『淸季中日韓關係史料』 1-11, 泰東文化社.

한국학문헌연구소 편(1983), 『'日韓'通商協會報告』(3),(4), 아세아문화사, 영인본.

譚永盛(1976), 『조선말기의 청국상인에 관한 연구-1882년부터 1885년까지』, 단국대학교 대학원 석사학위논문.

邵毓麟(1980), 『使韓回憶錄-近代中韓關係史話』, 傳記文學出版社.

秦裕光(1983), 『旅韓六十年見聞錄-韓國華僑史話』, 中華民國韓國硏究學會.

林明德(1984), 『袁世凱與朝鮮』, 中央硏究院近代史硏究所.

박은경(1986), 『한국 화교의 종족성』, 한국연구원.

楊昭全·孫玉梅(1991), 『朝鮮華僑史』, 中國華僑出版公司.

부산직할시사편찬위원회(1991), 『釜山市史』(제3권), 대원인쇄문화사.

이강욱(1993), 『개항이후 부산의 조계지에 대한 고찰』, 경성대학교 교육
　대학원 석사학위논문.

나애자(1998), 『한국근대해운업사연구』, 국학자료원.

최해군(2000), 『부산사탐구』, 부산을 가꾸는 모임·도서출판 지평.

양필승·이정희(2004), 『차이나타운 없는 나라』, 삼성경제연구소.

馬仲可(2005), 『山東華僑研究-僑居韓半島一世紀的中國人』, 新星出版社.

安井三吉(2005), 『帝國日本と華僑-日本, 臺灣, 朝鮮』, 靑木書店.

부산광역시사편찬위원회(2006), 『부산의 자연마을-제1권』, 부산광역시.

윤광운 등(2006), 『근대 부산해관(1883-1905년)과 고빙 서양인해관원
　에 관한 연구』, 도서출판 전망.

국사편찬위원회편(2007), 『한국화교의 생활과 정체성』, 국사편찬위원회.

최승현(2007), 『화교의 역사 생존의 역사』, 화약고.

이종우(2007), 『한국 화교의 현지화에 관한 연구-부산 거주 화교를 중
　심으로』, 동아대학교 동북아국제대학원 박사학위논문.

楊韻平(2007), 『汪政權與朝鮮華僑(1940-1945)-東亞秩序之一研究』,
　稻鄉出版社.

동구 문화체육과·동구50년사편찬위원회(2008), 『동구 50년사』, 부산
　광역시 동구.

이옥련(2008), 『인천 화교 사회의 형성과 전개』, 인천문화재단.

王恩美(2008), 『東アジア現代史のなかめ韓國華僑-冷戰體制と'祖國'意
　識』, 三元社.

박경태(2008), 『소수자와 한국사회』, 후마니타스.

김태만(2009), 『내 안의 타자(他者): 부산 차이니스 디아스포라』, 부산

발전연구원 부산학연구센터.

표용수(2010), 『부산 역사의 현장을 찾아서』, 선인.

최덕수 외(2010), 『조약으로 본 한국 근대사』, 열린책들.

홍순권(2010), 『근대도시와 지방권력』, 선인.

손덕준 구술, 송승석 채록(2010), 『인주골 중국동네 사람들-인천화교 손덕준의 가족이야기』, 한국학술정보.

강진아(2011), 『동순태호-동아시아 화교 자본과 근대 조선』, 경북대학교출판부.

진유광 저·이용재 역(2012), 『중국인 디아스포라-한국화교 이야기』, 한국학술정보.

KBS 부산재발견 제작팀 지음(2012), 『TV로 보는 부산의 역사-부산 재발견』, 우진.

진유광 저·이용재 역(2012), 『중국인 디아스포라-한국화교 이야기』, 한국학술정보.

유중하(2012), 『화교 문화를 읽는 눈 짜장면』, 한겨레출판.

박정연 외 8인 지음(2013), 『중국 근대 공문서에 나타난 韓中關係-"清季駐韓使館檔案"解題』, 한국학술정보.

박은경(1981), 「한국 화교 사회의 역사」, 『진단학보』 제52집.

나애자(1988), 「개항후 청일의 해운업침투와 조선의 대응」, 『이화사학연구』 제17-18합집.

崔承現(1999), 「轉折中的旅韓華僑」, 『華僑華人歷史研究』 1999年第3期.

백영서(2000), 「대한제국기 한국언론의 중국인식」, 『동아시아의 귀환』, 창작과비평사.

濱下武志(2002), 「19세기 후반 조선을 둘러싼 금융네트워크」, 『명청사학연구』 제17집.

김경국 등(2003), 「한국의 화교연구 배경 및 동향 분석」, 『중국인문과학』.

전우용(2003), 「한국 근대의 화교 문제」, 『한국사학보』 제15호.

왕은미(2004), 「동아시아를 떠도는 한국 화교의 정체성」, 『주변에서 본 동아시아』, 문학과지성사.

문은정(2004), 「20세기 전반기 마산지역 화교의 이주와 정착」, 『대구사학』 제68집.

이재광(2004), 「한국화교의 역사와 문화 정체성」, 『중국학연구』 제30집.

장수현(2004), 「한화(韓華), 그 배제의 역사」, 『당대비평』 제19집.

왕은미(2005), 「미군정기의 한국화교사회: 미군정·중화민국정부·한국인과의 관계를 중심으로」, 『현대중국연구』 제7집 1호.

이정희(2005), 「20세기 전반기 대구지역 화교의 경제적 활동(1905-1955)」, 『대구사학』 제80집.

高秉希(2005), 「晩淸中朝定期航線的開設背景及其影響」, 『史學月刊』 2005年第8期.

姜珍亞(2005), 「近代東亞跨國資本的成長與局限-以在韓華僑企業同順泰爲例」, 『文史哲』 2005年第5期.

이화승(2006), 「전주 화교사회를 통해 본 한국 화교의 고찰」, 『사림』 제26호.

임채완·박동훈(2006), 「한국 화교의 역할과 발전방향」, 『한국동북아논총』 제41집.

강진아(2007), 「이주와 유통으로 본 근현대 동아시아 경제사」, 『역사비평』 2007년 여름호.

정혜중(2007), 「개항기 인천 화상 네트워크와 화교 정착의 특징」, 『중국근현대사연구』 제36집.

김중규(2007), 「화교의 생활사와 정체성의 변화과정-군산 여씨가를 중심으로」, 『지방사와 지방문화』.

오미일(2008), 「개항(장)과 이주상인」, 『한국근현대사연구』 47집.

이은자(2008), 「淸末 駐韓 商務署 組織과 그 位相」, 『명청사연구』 제30집.

孫科志(2008), 「近代中韓關係史上的傳奇人物-黃月亭」, 『當代韓國』 2008年夏季號.

장세훈(2009), 「'부산 속의 아시아', 부산 초량동 중화가의 사회생태학적 연구」, 『경제와 사회』 2009년 봄호.

李正熙(2009), 「近代朝鮮華僑製造業硏究-以鑄造業爲中心」, 『華僑華人歷史硏究』 2009年第1期.

박준형(2009), 「청일전쟁 발발 이후 동아시아 각지에서의 청국인 규제 규칙의 제정과 시행-일본, 조선, 대만의 예를 중심으로」, 『한국문화』 47집.

황보영희(2009), 「부산 청국조계지에 관한 연구」, 『항도부산』 제25호, 부산광역시사편찬위원회.

김태웅(2009), 「1920·30년대 한국인 대중의 화교 인식과 국내 민족주의 계열 지식인의 내면세계」, 『역사교육』 제112집.

김승(2010), 「일제강점기 해항도시 부산의 형성과 발전」, 『동아시아, 개항을 보는 제3의 눈』, 인하대학교출판부.

박준형(2010), 「청일전쟁 이후 인천 청국조계의 법적 지위와 조계 내 조선인 거주문제」, 『한국학연구』 제22집.

박정현(2010), 「1882~1894년 조선인과 중국인의 갈등 해결방식을 통해 본 한중관계」, 『중국근현대사연구』 제45집.

李丹·尹寧(2010), 「釜山'老華僑'的民族與國家認同硏究」, 『동아연구』 제58집.

박규택·하용삼·변광석(2010), 「이질적 인식과 실천의 장으로서의 로컬, 부산 차이나타운」, 『한국사진지리학회지』 제20권 제3호.

김형빈·이진석(2010), 「부산지역 화교의 사회연결망 특성변화와 사회자본의 형성」, 『지방정부연구』 제14권 제4호.

김태웅(2010), 「일제하 군산부 화교의 존재형태와 활동상황」, 『지방사와 지방문화』 13권 2호.

송승석(2010), 「"한국화교" 연구의 현황과 미래」, 『중국현대문학』 제55호.

왕은미(2010), 「한반도 화교들의 한국전쟁」, 『역사비평』 91.

김나영(2011), 「부산 차이나타운의 가로에서 나타나는 다문화성과 국가주의 간의 길항」, 『역사와 경계』 제78호.

안미정(2011), 「부산 화교의 가족 분산과 국적의 함의」, 『역사와 경계』 제78호.

안미정(2011), 「부산 화교의 이주를 통해 본 '전쟁'과 가족」, 『石堂論叢』 제50호.

구지영(2011), 「동아시아 해항도시의 이문화 공간 형성과 변용」, 『石堂論叢』 제50호.

한동수 · 박철만(2011), 「부산 淸國租界地의 필지구조와 특성에 관한 연구」, 『중국학보』 제64집.

예동근(2011), 「'부산 속의 중국인 사회': 화교, 한중교류협력의 중요한 자원으로 부각」, 『부산발전포럼 2011』.

강진아(2012), 「만주사변 전후 재한화교 문제의 양상」, 『동양사학연구』 제120집.

박향화 · 강영조(2012), 「부산 상해거리 상점 전면부 경관요소의 유형적 분석과 중국 전통 경관이미지의 재현 수법에 관한 연구」, 『한국전통조경학회지』 30권 2호.

于德豪 · 張次正(2012), 「近代韓華移民史初探--從歷史進程及經濟活動著眼」, 『嶺東學報』 第31期.

김승(2013), 「일제강점기 부산 화교의 존재형태와 사회정치적 동향」, 『제56회 전국역사학대회: 역사 속의 소수자』(발표문).

색인

조세현

서강대학교 사학과에서 학사와 석사과정을 마치고 북경사범대학에서 중국 근현대 사상사와 문화사 연구로 박사학위를 받았다. 현재 부경대학교 사학과에서 학생들을 가르치고 있다. 저서로는 『동아시아 아나키즘, 그 반역의 역사』(책세상, 2001) 『清末民初無政府派的文化思想』(중국 사회과학문헌출판사, 2003) 『동아시아 아나키스트의 국제교류와 연대』(창비, 2010) 등이 있다.

부산화교의 역사

초판 1쇄 발행 2013년 12월 30일

지은이 조세현
펴낸이 강수걸
편집주간 전성욱
편집 손수경 권경옥 양아름 윤은미
펴낸곳 산지니
등록 2005년 2월 7일 제14-49호
주소 부산광역시 연제구 법원남로15번길 26 위너스빌딩 203호
전화 051-504-7070 | 팩스 051-507-7543
홈페이지 www.sanzinibook.com
전자우편 sanzini@sanzinibook.com
블로그 http://sanzinibook.tistory.com

ISBN 978-89-6545-236-2 94300
        978-89-92235-90-7(세트)

*책값은 뒤표지에 있습니다.
*파본은 구입하신 서점에서 바꾸어 드립니다.
*이 도서의 국립중앙도서관 출판시도서목록(CIP)은 e-CIP 홈페이지 (http://www.nl.go.kr/ecip)에서 이용하실 수 있습니다. (CIP 제어번호: CIP 2013028853)